歷史常常耐人尋味

趙逸君 主編

耐人尋味是花邊，
千年疑雲霧中藏。

序　言

中國歷史自黃帝時代起算，至今約有4700多年。在漫長的歷史長河之中，飽經風霜的華夏民族，以其堅毅睿智的精神、聰敏廣博的智慧、勤勞實幹的雙手，織就了一幅幅風華絕代的畫面、一卷卷精彩紛呈的篇章。

縱向觀閱，可覽秦皇氣概、大漢胡風、唐代雍容、宋世卓姿、明時風月、清朝雄渾。從風雲驟起的長安古城，到瀲灩波光的杭州湖畔，從莊嚴威武的紫禁之巔，到容納海外的廣州海灣，無一處不留下了中華歷史的印痕，令世人領略東方中土的魅力。橫向探索，無數帝王將相縱橫捭闔，建立不朽功勳；無數蓋世豪傑橫空出世，留下千古傳奇；無數奇人異士、才子佳人潛行於世，演繹世態繁華、悲歡人生。

在這裡，無論是一個時代，還是一段奇緣，又或是一處半壁殘垣，一處古墓深山，他們都是中華五千年瑰麗詩篇的組成部分，在為世人呈現奇趣劇目的同時，也留下了無數難以道清說明的歷史謎題。時人皆知，越是悠遠的歷史脈絡，越是廣大的土地山河，因為難以處處照看，細細研究，所以才越發顯得像謎一樣，令人觀之心生樂趣，想要拆解其中疑竇。中國的歷史就是如此害羞，不輕易揭開自己的層層面紗，叫人想要探個究竟。

秦始皇奇貨可居的身世、項羽火燒阿房宮的真相、西施玉環的下落疑點、嵇康被殺原因、武則天立無字碑的目的、「燭影斧

聲」與宋太祖死因、和親政策背後的政治目的、外戚亂政的實質、樓蘭古國沈沒因由、桃花源仙境身在何地、水滸紅樓作者今何在……一個個未解懸案、一串串歷史怪圈，伴隨著華夏千年的演進，牽涉中土上下內外，推動歷史的進程，激發著後人強烈的求知慾。

中國有著數千年難以讀懂的歷史，為了滿足人們對歷史的好奇心，增進世人對華夏史實的了解，本書綜合了大量歷史、地理、科研文獻資料，以全面、全新、探索的視角，從帝王、文臣、武將、文人、紅顏、政治、經濟、文化、科學、經濟、地域、考古、異趣、探祕等近二十個方面，甄選600多個重大的歷史事件，經由深刻精確的分析，力求達到去偽存真，求得事實的真相，解讀歷史的規則。

全書涉獵範圍廣泛，內容深淺合宜，情節充滿軼趣，語言生動活潑，可以幫助讀者掌握研究歷史和探求真相的方法，從中獲得探索發現的規律，引發深層次的解讀思考，擴大視野，重塑歷史觀念。讓讀者在懸疑叢生的史海當中，感嘆世間的玄妙，真正體驗閱讀的快感，感受靈魂深處的酣暢。鑒於時間倉促，書中恐有疏漏之處，懇請讀者朋友批評指正。現在，就讓我們一起登上歷史的車駕，開始一場千年之旅，領略史海深處的風光。

目錄

緋聞篇　耐人尋味是花邊

Contents

解密篇　歷史總有些怪圈

Contents

考古篇　千年疑雲物中藏

Contents

Contents

Contents

緋聞篇

耐人尋味是花邊

紂王讓男女裸奔的真相

說起上古夏、商、周三代君王，商紂王是最為後人所熟悉的。商紂王因熱衷於聲色之娛與酒食之樂，最終導致了亡國之禍，他也因此成為古代中國淫蕩君王的代言人。

《史記》記載，商紂王「以酒為池，縣（懸）肉為林，使男女裸，相逐其間，為長夜之飲」。這就是著名的酒池肉林。紂王這種讓眾多男女裸奔的行為，為後人所不恥，因此後人對這位亡國君王的評價更差。

但是，學者們研究發現，紂王令眾女裸奔相戲的主要目的是為了民間生育問題考慮，而非淫蕩。從人類出現開始，伴隨原始人類出現的並不包括婚姻制度，早期人類，人與人之間沒有固定的婚姻關係。

屈原《天問》記載，大禹「得彼塗山女，而通之於台桑」，大禹和塗山女沒有履行結婚手續和組建家庭。

《史記》記載，大禹「予不子」，說的是大禹和塗山女的故事，塗山女與大禹在沒有婚姻的情況之下「通之於台桑」，後塗山女生下了孩子啟，但是大禹也不能斷定啟就是他的孩子，因為塗山女也有可能與他人發生關係。

當人類發展進入氏族社會之後，開始實行族婚制。此時的婚姻關係是由一個氏族的男性和另外一個氏族的女性組成的集體婚姻。當種族繁衍進入更高級階段時，人類開始進入私有制社會。

私有制的產生使得作為家庭勞動主體的男性地位大大提高，女性就成為男性的私有財產，隨之而產生的就是一對一或者一對多的固定婚姻關係。固定婚姻的出現標誌著婚姻制度的形成。

商周時期，婚姻制度發展得還不完善，男子與女子的婚姻關係也很不穩定，人與人之間並沒有形成固定的婚姻關係，也沒有固定的性伴侶。

《史記》記載，「大聚樂戲於沙丘，以酒為池，懸肉為林，使男女裸相逐其間，為長夜之飲」，再結合當時的婚姻制度，因此有學者認為「沙丘」指的就是古代遺俗「歡樂谷」。古代遺俗「歡樂谷」就是國家在一年中的某個特定時節，官方指定某些地方作為歡樂谷，令未結婚的男女聚到此處，結識性伴侶，不必履行結婚手續就可同居。他們在某個地方同居一段時間後，等到下一次歡樂谷開放的時節，也可以跑去挑選新的性伴侶。這項措施為的就是解決未婚男女的性問題。

到了周朝，朝廷依然會組織男女於桑林裡「裸奔」。《周禮》記載，「中春之月，令會男女，於是時也，奔者不禁。」

學者們還從考古發現來說明這一項事實。現在發現的商周墓葬，大多都是單人墓葬。這可能就是由於當時沒有固定的婚姻關係，結婚組成的婚姻家庭很少所造成的。

所以，商紂王的做法，極有可能只是當時的一種習俗而已。

秦始皇是呂不韋的兒子嗎

秦始皇嬴政滅六國，一統天下，建立起了中國歷中上第一個中央集權的封建國家。但是，叱吒風雲、君臨天下的始皇帝卻一直對自己的身世諱莫如深。

史料記載，秦始皇嬴政，原名趙政，是秦莊襄王子楚之子，生母趙姬。子楚少年時期就以秦王孫子的身分到趙國為質，在趙國的生活一直十分困苦，地位也很低下。直到子楚遇到了呂不韋，這種狀況才有所改變。大商人呂不韋雖然家纏萬貫，但是商人在社會上的地位都很低下，為了改變自己的現狀，走入貴族之列，呂不韋決定搭上子楚這趟順風車。

呂不韋在趙國邯鄲積極運作，把子楚過繼給正受寵幸的華陽夫人，轉瞬之間，子楚被立為嫡嗣。同時，呂不韋還把自己的愛姬趙姬送給子楚，生下嬴政。秦昭王、孝文王去世之後，子楚登上秦國皇位，封呂不韋為丞相。三年後，子楚去世，嬴政作為子楚的獨子而登上王位。

前文說到，子楚的生母趙姬曾是呂不韋的愛姬。因此後世人們的心中都有一個疑慮：嬴政的生父是到底是誰？是呂不韋？還是子楚？

嬴政繼位之時，年僅13歲，朝廷大事全由呂不韋管理，呂不韋就成了一人之下、萬人之上、權傾朝野、一手遮天的大人物。小皇帝也必須稱呼呂不韋「仲父」。因為「仲父」這個稱呼，讓

許多人認定嬴政為呂不韋之子。

漢代以後的大多數資料都認為嬴政是呂不韋之子，因為如果嬴政非秦皇室正統血脈，那麼人們對秦王室領導一個國家的能力就會抱有懷疑態度，「齊家治國平天下」，如果連家都不能齊，何談治國平天下？所以秦王室並不能治理好一個國家，秦亡是必然的結果。

對於漢代一朝而言，他們就找到了一個造反推翻秦王朝，建立漢朝的一個重要依據。從呂不韋的角度而言，讓自己的兒子登上九五至尊的位置，也就徹底地改變了他作為商人地位低下的命運，這也是他一直的夢想。同時，作為「六國」之人的呂不韋，讓自己的兒子奪取了秦朝的江山，也算是報了六國被滅的仇恨。

許多人並不贊同以上觀點，他們認為秦王嬴政並不是呂不韋之子，而是正統的王室血脈。

首先，呂不韋與子楚相交之時，子楚被立為王儲的機會十分渺茫，就更不可能設想到嬴政這一代身上。其次，從生理學角度來看，婦女生孩子都必須懷胎十月，如果嬴政為呂不韋之子，那麼趙姬在嫁給子楚之前就可能已經有孕，孩子肯定會在十月之內即出生，子楚又豈會不明白這個道理。最後，《史記‧秦始皇本紀》記載，趙姬出身於趙國貴族，貴族小姐出生的趙姬，也不可能先嫁呂不韋，再嫁子楚。

無論如何，事隔千年，秦始皇的身世之謎只是後人推測，沒有更為清楚詳細的資料證明。

秦始皇為何終身都未立皇后

秦始皇是中國古代史上第一個封建主義中央集權的皇帝。13歲登基、22歲親政，平定六國、一統天下，建立起第一個以早期漢族為主體的強大的秦漢多民族統一的封建大帝國——秦朝。

但是，這樣一個雄才偉略的皇帝，在他一生長達37年的統治中卻沒有立過一位皇后。

在封建體制之中，古代帝王的正妻被稱作皇后，妾被稱作妃嬪。皇后只有一位，妃嬪的數量卻可是很多，正所謂「三宮六院、七十二嬪妃」。皇帝立后也是皇帝政治生活中的重要部分，國家也有相應的立后制度來組織這件事。國家選拔皇后的標準也很高，除了端莊賢淑等傳統要求之外，更多的是要能肩負起「母儀天下」的神聖使命。

既然皇后的作用如此之大，那麼坐擁天下的秦始皇又為什麼不立后呢？關於秦始皇這個「千古一帝」少了一個與之對應的「千古一后」的原因，說法多如牛毛。歸納起來，主要有以下幾個方面：

一、秦始皇的母親對他造成的陰影。秦始皇是秦莊襄王子楚之子，姓嬴名政，出生於趙國首都邯鄲。史料記載，秦始皇的生母趙姬本是呂不韋的寵姬，後來呂不韋把趙姬獻給了子楚，並生下了秦始皇。一直以來，人們都對秦始皇的生父抱持著懷疑的態度，很多人認為秦始皇其實是呂不韋的兒子，恐怕連始皇帝自己

也分不清誰是自己的生父。其實，這也算不了什麼，畢竟自己還是順利地當上了皇帝。但是，身為太后的趙姬仍然行為不檢，先是與呂不韋在宮中重溫舊情，再是與嫪毐私通，穢亂後宮，並生了兩個兒子。

《史記》中記載，「皇帝益壯，太后淫不止。」母親的行為失檢讓秦始皇在心理上受到嚴重的傷害，惱羞成怒。無地自容的秦始皇還殺死了兩個私生弟弟和嫪毐，把呂不韋發配蜀地，呂不韋自殺而死。同時，秦始皇還把母親趙姬趕出首都咸陽。極度壓抑的秦始皇徹底爆發了，成為一個失去理

秦始皇

性的暴君。秦始皇這種對母親的怨恨，逐漸發展成為對一切女人的仇視。

張敏說：「由怨母而仇視女人的心理陰影，使秦始皇長大後在婚姻能力上未能健康發展。宮中眾多女人，僅僅是為滿足他的生理需要。由母親行為而形成的心理障礙，也是秦始皇遲遲未立后的重要因素之一。」這種心理上對女人的偏執，使得秦始皇極其不願意娶妻立后。

二、秦始皇的立后要求過高。秦始皇統一六國，自稱為始皇帝，自認為自己的功德超過了上古的三皇五帝，自命不凡的秦始

皇自然也就對皇后的要求非常高。秦始皇的後宮充斥著東方六國選來的大量佳麗，要從中選出一個高標準的美女也並非難事。

但是，問題就在於秦始皇並不喜愛這些美女，反而十分鄙視，對於她們這種把亡國之辱拋之於腦後的行徑，秦始皇十分痛恨，認為她們毫無守貞重節可言。所以，他也不願從這些後宮佳麗之中選出一個合適的皇后人選。

三、秦始皇沈迷於追求長生不老。他對方術、煉丹術等情有獨鍾。他曾派徐福率三千童男童女，耗費巨資入東海以尋得長生不老之藥。秦始皇這種對長生不老藥的孜孜追求，使他暇顧及後宮之事，把立后之事也拋之腦後，這也是秦始皇一生沒有立后的重要原因。

四、志在天下的秦始皇公務繁忙。他沒有多餘的時間來考慮立后的事情，更何況他還擔心皇后會對他的事業有所掣肘。史料記載，秦始皇每天的工作量很大，必須要批完一石大概相當於60斤的公文。

當然，秦始皇終身未立皇后是多方面原因共同作用的結果。不過，最主要的原因應該是他自己內在的問題吧！

中國古代男人「坐月子」之謎

一般只有「女人生孩子，女人坐月子」，哪有男人「坐月子」的道理？男人又不能生孩子。然而，在古代還真出現過男人代替妻子「坐月子」的現象。

男人「坐月子」，用專業術語來講，即為「產翁制」。具體而言，就是男子在其妻子生產期間，模擬妻子「分娩」，或在妻子分娩以後裝扮成產婦臥床抱子，代替妻子「坐月子」，而真正的產婦則照例外出幹活，並為臥床「坐月子」的丈夫準備飲食。在這裡，模擬妻子「分娩」、代替妻子「坐月子」的產婦之夫便稱之為「產翁」或「產公」。

據說中國第一個「坐月子」的男人是大禹的父親——鯀。相傳鯀是黃帝的孫子之一，大禹為鯀所生。對於此事，《山海經》的記載是：「洪水滔天，鯀竊帝之息壤以堙洪水，不待帝命。帝令祝融殺鯀於羽郊。鯀復生禹，帝乃命禹卒布土以定九州。」

「產翁制」作為一種文化遺俗，在人類歷史上並不是一種個別或偶然的現象，它曾在許多民族中普遍而長期地存在過。我國的壯族、傣族、仡佬族、藏族等都曾保留著這種古老的習俗，並留下相關文字記載。如，宋代《太平廣記》卷四八三引《南楚新聞》曾記載：「南方有僚婦，生子便起，其夫臥床褥，飲食皆如乳婦。」這裡提到的「僚」，乃仡佬族先民。

「產翁制」這一怪誕習俗，其實是特定歷史條件下的特定產

物，有其時代的合理性和進步性。「產翁制」主要盛行於母系社會逐漸向父系社會過渡的時期。母系社會時，婦女的地位遠高於男子，主宰社會的一切，而男子則始終處於服從的地位。

後來，隨著男子成為主要的生產者，社會經濟地位逐漸提高，人類開始走向父系社會。對於以往那種子隨母姓，只知其母、不知其父的社會現狀，男子再也無法容忍，並力圖改變這種局面。於是，男子就佯裝產婦「分娩」和「坐月子」，象徵「生孩子的是我，孩子要姓我的姓」，借此突出自己在生兒育女中的決定作用，達到變母系為父系的目的。

從歷史的角度來看，父權制代替母權制是人類發展史上重要的轉折點之一，人類在此又前進了一大步，「產翁制」正是見證了這一革命歷程。

現如今，隨著歷史的發展和社會制度的變遷，「產翁制」也因失去合理存在的「沃土」早已銷聲匿跡了。

太監為何多三妻四妾

在一般人心目中，太監是被閹割過的男人，睪丸被人為切除，沒有鬍鬚和喉結，聲音尖細。從完整的意義上來看，太監已不能算是男性，但由於缺少女性生殖器官，也不能算是女性，只能算是不倫不類的「中性人」。然而，令人感到奇怪的是，歷史上有些有錢有勢的太監，居然也三妻四妾。

歷史上，太監娶妻並非個別或者偶然現象，早已是司空見慣。早在漢朝時，太監與宮女組成的家庭就已出現。唐代時大太監高力士位高權重，氣勢浩大，就曾娶當時刀筆吏呂言晤的女兒為妻。《貴妃醉酒》也表現過高力士與楊玉環調情的情節。

晚清時期，總管小德張是繼李蓮英之後一位比較有名的太監，據說小德張未出宮前，就討過一房妻子，姓唐，早逝。又納過兩個妾，都因不能忍受小德張的虐待而先後自盡。隆裕太后死後，小德張才離開清宮。出宮後，他在天津某妓院以重金贖出一名妓女，名張小仙，這是他最後一位夫人。

清朝滅亡後，大批太監流入民間。那些有錢的太監，憑藉此前在宮中的財富積累，榮華富貴依舊，娶妻之事已經不是偷偷摸摸，而是堂而皇之，吹吹打打地進行。有的太監甚至三妻四妾，老媽子、丫環一應俱全。

太監娶妻納妾這等荒誕之事，儘管在現代人看來難以置信，但又是千真萬確的、無法抹去的事實。那麼，我們不禁揣測：太

監娶妻納妾，是處於怎樣的初衷？他們如此舉動的目的何在？

　　有人解釋說，太監娶妻納妾是人性的生理本能所致。按理說，既不能行房事，也無生育能力的太監，對女色應該是不感「性」趣的，唯一的可能就是，「淨身」手術不徹底。雖然太監的睪丸已被摘除，不能產生精子和雄性的第二性徵，但其性慾仍在，娶妻納妾是一種性本能的正常生理需求。

　　有人認為太監娶妻納妾是在物質需求得到滿足的情況下一種更高的心理需求。很多太監當初成為太監完全是被迫的，並非自願。他們內心十分嚮往正常男人的生活：有妻室，子孫繞膝。

　　為了模擬享受這樣的生活，就開始娶妻納妾，收養義子，享受家庭之「樂趣」。

　　有人認為太監三妻四妾單純是為了炫耀權勢，顯示自己顯赫的地位。

　　還有人認為太監娶妻側面反映了我國古代宗法制社會的特徵。成家立業、傳宗接代，延續香火，也是宦官本人及其宗族一致的要求，自然便有娶妻、收養子的事發生。

　　太監已成為歷史的代名詞之一，太監三妻四妾也亦成為陳舊陋俗。究竟中國古代太監為何娶妻納妾，也已成為歷史之謎的又一筆。

孔子為何對女人有偏見

　　孔子的《論語·陽貨》赫然記載著這樣一句話：「唯女子與小人為難養也，近之則不孫，遠之則怨。」世人敬仰的孔聖人為何會說出這樣話？這句話是否是孔子大男子主義的體現？其中有沒有歧視和看扁女人的意味？圍繞上述問題，後人口舌費盡，一幕幕沒有硝煙的話語之爭曾激烈上演或正在上演。

　　有人認為孔子這句「唯女子與小人為難養也，近之則不孫，遠之則怨」，把「女子」跟「小人」相提並論，貶低女人，這是任誰也無法抹殺的事實。並且還對孔子為什麼對女人有偏見進行了推測和論證。

　　武漢大學教授陳文新就是其中的代表之一，他以孔子的婚戀情況為切入點探尋可能性的答案。其一是孔子因相貌不佳，加上家境貧寒，戀愛時可能遭受過挫折。據說孔子的面相活像個倒扣的痰盂：白眼仁多，黑眼仁少，鼻孔外翻，牙齒縫大，腦袋四周高中間低。且個子也不高，用今天的話來形容，就是實打實的「三等殘廢」一個。生成這等模樣，戀愛時遭女性拒絕嘲笑，落下心理陰影和對女人的偏見也並非不可能。其二是孔子婚後家庭生活不太美滿，曾休掉妻，即現代所謂的「離婚」。

　　據《禮記》記載：「門人問諸子思曰，『昔者子先君子喪出母乎？』」。子思是孔子的孫子，這裡是門人問子思：「從前你的父親為被休出的母親穿孝服守喪禮嗎？」宋代大儒朱熹對此有

註解：「伯魚之母出而死。」伯魚是孔子的兒子，這段史料證明孔子確實離過婚。

　　儒家講究修身，齊家，治國，平天下，建立和諧美滿的家庭是齊家的重要內容。孔子生前在政途上一波三折十分黯然，不知道是不是因為家沒有齊好，「壞在女人手裡」的緣故。正因為孔子在婚戀的過程中屢次被女人傷害，才發自肺腑地感嘆「唯女子與小人為難養也」。

　　然而，還有一些人不同意以上觀點，他們認為憑藉「唯女子與小人為難養也，近之則不孫，遠之則怨」這一句話，就臆斷孔子對女人有偏見，未免過於草率和武斷，難逃望文生義之嫌。

　　對於「唯女子與小人為難養也」，《說文》是這樣解釋「養」字的：「上聲，音庠，育也，長也，又取，又姓。」「供養也，從食羊聲」，可見，「難養」可引申為「難於共處」之意。因為對她們太親近，就會無禮；太疏遠，就會怨恨。孔子充其量只是說明一個實情而已。

　　孔子未必歧視女人，這樣的實例在孔子一生中可謂無數。如，孔子的儒家學說主張「泛愛眾而親仁」，「仁者愛人」。這裡的人，自然包括男人和女人，可見女人同樣是被愛的對象之一。又如，孔子堅決反對將婦女作為殉葬品和祭祀品，並對做出此種不良行為的人進行過「忌無後乎」的咒罵，這就意味著孔子是重視婦女做人權利的。

　　不論孔子對女人有沒有偏見，如果有，原因又何在，已經不那麼重要。在現代社會，男女平等，男女各佔半邊天才是主流的價值觀，才是現代人應該崇尚和踐行的。

古代官員退休後的「房奴」生涯

2009年熱播電視劇《蝸居》，現實主義地展示了現代社會平民百姓的「房奴」生涯，怎一個「煎熬」可以形容。然而，「房奴」不只是專屬於現代社會，古代社會裡也出現過「房奴」。與現代不同的是，古代的「房奴」是些退休後的官員。下面，我們就來看看古代「房奴」哪般生活，順便和現代社會做個比較。

現代社會的公務員職務因其「福利好，工作穩定」等優點，一直以來被人們尊為「金飯碗」，無數「仁人志士」削尖腦袋地往這個系統鑽。

相比之下，古代「公務員」卻沒有如此好的待遇，充其量不過是含金量較低的「瓷飯碗」一個，理由有三。

其一是沒有連續工齡，除曾任二千石以上高官者休官後重新出仕時，可授予「比六百石」職位以示優惠外，其他二千石以下的休官者，要想再續前職，又得重新回到起點，和普通老百姓一起競爭。

其二是沒有退休金，如秦漢時期，無論原先俸祿多少石的官吏，只要離開職位，除非皇帝特別照顧，一律停發俸祿。因此，古代朝廷要員退休後回鄉種地的現象也就不足為奇了。

其三是沒有餘蔭，古代官員的許多特權和待遇都與「在職」密切關聯，官員一旦離職，與官職有關的一切特權和錢財也就隨之凋謝。正因如此，才出現朝廷官員「死賴」在官位上不走的現

象。

　　有人曾做過統計：西漢時丞相一職的平均任期才四年多，東漢時三公的平均任期不到兩年半。朝廷要官尚且如此，下面的官員自然就更慘了，動不動飯碗就會打破。

　　古代官員在職時尚且如此倉皇，退休後就顯得更加淒涼。唐朝規定，異地官員退休返鄉時，是不允許做「公車」的。宋代也實行過退休就不得再用公車的制度。古代官員在職患病可享受公費醫療，一旦離職，診療服藥都要自掏腰包。

　　損失更為慘重的是，官員一旦退休，就得立馬搬離公家的官邸和家屬居住，讓給繼任者，移居鄉村住宅。比如南宋規定，凡各級地方政府官員休官後，三年內不許在任職地居住，倘在當地有親屬，或置有財產，三年以後也不許居住，違反者處一年徒刑。可以說，古代官員做官生涯的結束，就代表「房奴」生涯的開始。

　　不論古代「房奴」，還是現代「房奴」，都不好當。像當年杜甫吶喊「安得廣廈千萬間，大庇天下寒士俱歡顏」那樣，在此我們真切地希望：沒有「房奴」的時代早日到來……

管仲為何被娼妓奉為保護神

　　三十六行，行行有其保護神。理髮師的保護神是關羽，屠夫的保護神是張飛，當然，娼妓也有自己的保護神，即為管仲。

　　春秋戰國時期齊桓公赫赫有名的宰相「仲父」怎麼會被娼妓業奉為保護神呢？事出有因，一切還得從頭說起。

　　娼妓業「歷史悠久」，早在春秋戰國時期，就已初現雛形，以零散的家妓、私妓、軍妓等為主。要說真正官辦的娼妓業，卻是從管仲開始的。

　　管仲在齊國執政時，推行了一系列的改革措施，使齊桓公成為春秋時期的第一個霸主。他的這些豐功偉績已經廣為人知，在此不加贅述。然而，鮮為人知的是，管仲還以國家的名義開設「女閭」。

　　所謂「女閭」，就是妓院。根據史料記載，管仲在齊國設立「女閭」300。按照《周禮》的算法：「五家為比，五比為閭」，那麼，1閭就是25家，300閭就是7500家。至於每家有多少個妓女，則沒有明確記載，如果以1家2人算就是15000人，以3人算就是22500人。

　　由此可見，齊國的娼妓行業規模之宏大，生意之火爆。因此，當時的妓院就可以不再像以前那樣畏首畏尾，而是光明正大地營業。由此可見，娼妓行業的開山鼻祖，非管仲莫屬。

　　管仲當年經營國營娼妓業的目的有四。

管仲

其一是為了增加國家收入，富國強兵。管仲置「女閭」徵收「花粉稅」、「花粉捐」，增加國家收入，尤其是軍費支出，增強齊國的實力。

其二是招攬遊士，網羅賢才。當時諸侯爭雄，為了齊桓公能夠稱霸天下，借助美女來招引愛金錢更愛美女的四方英雄，促進齊國發展。

其三是為了解決大量女奴隸的就業問題，緩和社會矛盾。

其四是供齊桓公淫樂。齊桓公是一個好色無度之人，引文獻「好內，多內寵，如夫人者六人」為證。

事實證明，管仲以國家的名義開設妓院後來產生了良好的效應。可以毫不誇張地說，齊國之所以能成為春秋五霸之首，管仲建立的國家大妓院可謂功不可沒。

正因如此，當時各諸侯國也紛紛跟風，開「妓」營業，而且後世的封建王朝更是給予娼妓制度合法的地位。所以，千百年來，娼妓們都把管仲作為「保護神」也就不足為奇了。

諸葛亮為什麼會娶醜老婆

　　提起諸葛亮，人們自然會想到他足智多謀和神機妙算的「智多星形象」。諸葛亮不僅有才，而且相貌堂堂，英俊之極，是一個十足的美男子。

　　據《三國志‧諸葛亮傳》記載：諸葛亮「身高八尺，猶如松柏。」按照羅貫中的描述是，諸葛亮「身高八尺，面如冠玉，頭戴綸巾，身披鶴氅，眉聚江山之秀，胸藏天地之機，飄飄然有神仙之態。」雖然其中不乏誇大之意，也卻有幾分屬實。

　　然而，就是這樣一位才貌雙全的完人，卻娶一個奇醜無比的女人做妻子，實在不符合中國傳統「郎才女貌」的理想。

　　傳說諸葛亮的醜妻身材矮小，黃頭髮，黃皮膚，身上還有一些雞皮疙瘩，人一看就全身發冷。那麼，諸葛亮為什麼甘願娶醜女為妻呢？

　　有人認為諸葛亮非一般人，他的擇妻標準和境界也自然和常人不同。諸葛亮注重女人的內在美，他希望自己將來的妻子聰慧過人，夠分量充當自己的賢內助。至於外表如何，可以忽略不計。諸葛亮之所以娶醜女黃碩為妻，就是因為黃碩自幼聰明機智，才識過人，且賢良淑德，可謂才德兼備。對此，諸葛亮早有耳聞，以至於在素未謀面的情況下就滿口應下婚事。

　　還有人認為諸葛亮娶醜妻並非因為他審美標準多麼高尚和獨特，而完全是出於政治利益的考慮，可算是他仕途上計謀的又一

筆。諸葛亮家境貧寒，出身卑微，自幼苦頭吃盡。雖然如此，他仍心繫社稷百姓，崇尚管仲和樂毅，立志自己有朝一日也能像他們那樣，跳出「農門」，登上政治舞台，一展宏圖，實現歷久以來的偉大抱負。

為此，諸葛亮不怕眾人恥笑，娶醜女黃碩為妻。一是因為黃碩的父親是河南名士黃承彥，位高權重；二是因為黃承彥的妻子蔡氏和劉表的後妻是姐妹關係，如果做了黃家的女婿，也就攀上了劉表這門皇親。機智過人的諸葛亮當然知曉這兩點對於自己入仕進階的重要性，所以決心緊抓不放，不顧黃碩的醜貌，毅然決然地娶來為妻。

在娶醜女黃氏之前，諸葛亮出於政治目的，還親手操弄了另外兩宗家庭婚姻。第一是把姐姐嫁給荊州襄陽地區頗有名望的首領人物龐德公的兒子，諸葛亮因此得以在荊州站穩腳跟。第二是為弟弟娶了荊州南陽地區赫赫有名的人物林氏之女為妻。這些都是可用來證明諸葛亮為了自己的政治抱負，妙點「鴛鴦譜」。

後來的事實證明，諸葛亮的這個醜媳婦成為他在生活和事業發展上一個強有力的支柱，不但使他一生出師必捷，無後顧之憂，更重要的是他一生一世都得到黃碩溫柔的照顧。諸葛亮和黃碩夫妻情感的情深似海，世上恐怕也是鳳毛麟角。

劉備：換妻如換衣

「朋友如手足，妻子如衣服」是劉備的名言。劉備是不是一個好色之徒我們不得而知，後世對他的感情生活記載也十分稀少。但是從他的話中我們依然可以看出，對於他來說朋友是要向對待手足一樣珍惜，而妻子卻如同衣服一樣可以隨時替換。

劉備一生之中有多位夫人，史料可查的卻只有四位。這四位夫人跟隨劉備連年征戰，但是幾次危難時刻，卻都被劉備拋下。

劉備起兵後不久到達豫州小沛，納當地有名的美女甘夫人為妾。在甘夫人之前，劉備已經娶了好幾位妻子，但都不幸喪生。年輕貌美的甘夫人是三國時著名的美女之一，玉質柔肌、態媚容冶，如同月下凝聚的白雪一樣。甘夫人嫁給劉備之後以嫡妻身分掌管內事，並生下兒子劉阿斗。甘夫人陪伴劉備的歲月中，在危難時刻多次都被劉備拋下。

比如，建安元年，呂布襲取徐州下邳，張飛因嗜酒誤事，導致下邳失陷，劉備就留下了甘夫人和兒子獨自逃命去也，最終弄得兩手空空。呂布得徐州之後，便做了個順水人情歸還了甘夫人；後來當陽橋長阪一役，劉備再一次丟下了老婆孩子跑了，趙雲單槍匹馬七進七出曹營，才保得甘夫人和阿斗一命。但是卻沒有能夠救得了劉備的另外一位夫人麋夫人。

麋夫人是劉備繼甘夫人之後的第二位夫人，是商人麋竺的妹妹，家境十分富有。劉備失下邳和甘夫人之後，麋竺傾盡家財相

助，並且還把自己美貌如花的妹妹嫁給了劉備，劉備與糜夫人共結連理之時，甘夫人卻身陷呂布營中。

建安三年春，呂布再次攻打劉備，劉備不敵而向曹操求救。來救的曹軍和劉軍依然不敵呂布，被呂布痛擊，全軍陷落，甘糜二位夫人又被呂布劫去。直到曹操親自率軍與劉備聯合打敗呂布，劉備才找回了妻妾甘、糜二位夫人。

建安五年，曹操打敗劉備，甘、糜二位夫人再一次被搶走，關羽也被擒。關羽聽說了劉備流落到袁紹那裡，遂帶著二位夫人離開曹宮回到劉備的身邊。曹操奪取荊州之時，劉備逃向江陵，途中在當陽長阪被曹軍追上，劉備又再一次扔下了老婆孩子，糜夫人死於曹營之中。趙雲極盡全力救回了甘氏母子。

糜夫人死後一年，受驚過度的甘夫人也離開了人世，年僅二十二歲。看來當劉備的夫人並不容易呀，甘、糜二位夫人一生跟隨劉備東奔西走，三番兩次被丈夫丟下，被他人搶走，幾乎沒有想享過什麼福。

繼甘、糜二位夫人之後，劉備的第三位夫人是孫夫人。孫夫人就是「賠了夫人又折兵」這一故事中的女主角，即東吳孫權的妹妹孫尚香。

建安十四年，孫權為了奪回外借給劉備的荊州，假意以婚姻邀劉備到東吳，劉備有意聯吳，便遵從了東吳的婚議，由趙雲、孫乾陪同進入吳境。到達吳境的劉備深得吳國太的喜愛，真的就把孫尚香嫁給了劉備，真是應了那句俗話「丈母娘看女婿，越看越喜歡」。新婚一個月之後，劉備帶著孫夫人回到荊州。

這位孫夫人出身名門，從小嗜武，依仗著兄長的勢力，很不把劉備放在眼裡。劉備入蜀之後，孫夫人從東吳帶來了一批吏卒，在蜀地縱橫不法，誰都無法約束，劉備也要時時提防孫夫人

的刀劍，不敢違背孫夫人的意思。孫權為了牽制劉備，以母親生病為由勸孫夫人帶著劉阿斗回東吳，途中劉阿斗被諸葛亮救回，孫夫人一人回到了東吳，從此孫夫人也留在了東吳，再也沒有回到劉備身邊。他們的夫妻生活大約就持續了三年。

孫劉之間關於荊州之爭並沒有結束，孫權攻荊州，關羽大意失荊州之後敗走麥城，身首異處。劉備痛心關羽之死，決心為其報仇，出兵伐吳。遭到東吳大將陸遜痛擊，敗走白帝城之時病死。孫夫人聽聞劉備死訊，在長江邊祭奠完劉備後投江殉情而死。

劉備在孫夫人之後又迎娶了吳夫人。建安二十四年，劉備稱漢中王，立吳夫人為漢中王后，章武元年夏五月，劉備稱帝立吳夫人為皇后。延熙八年吳后去世。

為什麼曹操墓與兒媳墓相連

《三國演義》尊劉貶曹的寫作傾向似乎就注定了曹操一代奸雄的形象。但是，從正史的角度出發，曹操在政治上其實也頗有建樹。流傳至今的曹操七十二冢疑雲，又使人們不得不發出「生前欺天，死後欺人」的感嘆。

曹操七十二冢疑雲是曹操親手導演的一幕防盜墓的戲劇。至今人們也不知道曹操墓冢究竟在何處。而七十二冢的說法也被質疑，應該是134冢。

歷來人們對曹操的安葬地點，眾說紛紜。

《彰德府志》記載，魏武帝陵在靈芝村。靈芝村位於銅雀台正南5公里。而銅雀台的南面就是曹丕之妻甄后的朝陽陵。公公與兒媳的墓，為何又葬得如此之近呢？

甄后是三國時期著名的美女，原名為甄文昭，嫁予袁紹二子袁熙。甄后美名遠播，曹操父子早已耳聞其美貌。曹操敗袁紹於鄴之後，曹丕先曹操一步入袁府，見甄后美貌絕倫，遂納之為妻。曹操見曹丕娶走了甄后雖無可奈何，卻仍對甄后念念不忘。

《後漢書·孔融傳》記載，孔子的後人孔融，曾寫過一封信給曹操，信中有「武王伐紂，以妲己賜周公」這樣的話。孔融給曹操解釋時說：「以今度之，想當然耳」。而曹操一向以周文公自詡，孔融的話也就是在說曹操與甄后之間關係微妙，甚至有私情。這樣的「侮慢之辭」其實是在揭露曹操的家醜，曹操在盛怒

之下殺了孔融。

另外，《魏書》記載，曹操死後，曹丕對甄后的恩寵消失，甚至還因為甄后曾對曹丕的新寵說了一些不滿的話，曹丕就對甄后百般虐待乃至賜死。此外，曹丕還在曹操死後不久就將其父的妃嬪全部召來，供自己玩樂。曹丕在曹操死後就馬上冷落甄氏，並且與父親宮妃在一起的行為，目的是為了報復曹操與甄氏給自己帶來的羞辱。

但是也有人認為，曹操與甄后並無曖昧關係，是清代學者為了故意抹黑曹操而編造的曹操與自己兒媳有染的傳聞。

關於曹操葬於何處，譙縣也曾被當作曹操的埋葬之地。因為譙縣埋葬了其祖父、父親、長女等人，曹操墓也可能就在「曹家孤堆」之中。《魏書·文帝紀》記載，「甲午（220年），軍治於譙，大饗六軍及譙父老百姓於邑東。」

曹操死於公元220年正月，死後兩日下葬，曹丕這段時間來到譙縣，說明瞭父親曹操就是葬於此地。曹丕是為紀念其父而來。《魏書》記載，「丙申，親祠譙陵」，譙陵指的就是曹氏孤堆，曹丕生於譙縣。曹丕來這裡祭祀也主要是為了祭先王之陵。

曹操真正葬於何處仍是一個謎團，曹操與甄后之間是否真有私情也沒有確切的證明。只能等著進一步的考古發掘和研究才能對所有的問題作出定論。

魏徵為何敢直指李世民的花心

　　歷史上唐朝唐太宗在位時期，政治清明，經濟發展，百姓安居樂業，史稱「貞觀之治」。為興旺繁榮感到欣慰之餘，我們可不能忘記唐太宗背後的那位大功臣。他，就是魏徵，大唐赫赫有名的丞相，以敢言直諫而名垂青史。

　　魏徵自投入唐太宗門下後，恪盡職守，忠心耿耿，並「以諫諍為心，恥君不及堯舜」為己任。只要是有害於社稷百姓的事，他都敢冒天下之大不韙，置身家性命於不顧，在皇帝面前屢屢「犯顏」直諫。就算是唐太宗招嬪納妃的私房事，魏徵也照「諫」不誤，甚至敢直指李世民花心。

魏徵

　　有一次，唐太宗看中一名姓鄭的女子，該女子天生麗質，容貌可謂傾國傾城，且才貌雙全，就想將其納入宮中，備為嬪妃。並下詔許聘，令下面的人盡快將這件事辦好，不得有誤。魏徵聽說這件事後，有些不高興，立即入宮當面進諫，說：「陛下為人父母，撫愛百姓，當憂其所憂，樂其所樂。居住在宮室台榭之中，要想到百姓都有屋宇之安；吃著山珍海味，要想到百姓無飢寒之患；嬪妃滿院，要想到百姓有室家之

歡。現在鄭家之女，早已許配陸家，陛下未加詳細查問，便將她納入宮中，如果傳聞出去，這是為民父母做的事嗎？」聽完這番話後，唐太宗儘管心也疼、肉也疼，但還是「忍痛割愛」，將成命收回。

然而，房玄齡對此事卻不罷休，立即調查鄭女許配陸家之事。結果是鄭氏許人之事，子虛烏有，陸家也遞章澄清並無定親之事，堅持恢復詔令。得知此事後，唐太宗再度心花怒放，立馬召來魏徵覈實情況。魏徵竟然毫不留情地說：「人家否認此事，顯而易見，是怕你加害人家。」終於，唐太宗對此事死心了，一椿美事就這樣被魏徵無情地摧毀了。

魏徵如此舉動，令不少大臣敬佩和感嘆不已。我們不禁要問：魏徵為何如此大膽，敢直指李世民的花心？

第一，魏徵之所以能夠「正」李世民，是因為他自己的身影不歪。魏徵是一個嚴於律己、生活節儉的人。身為唐太宗身邊的「紅人」，位高權重，卻沒有三妻四妾，其住所也簡陋破舊不堪。正是因為魏徵親自踐行這樣的生活作風，無任何「話柄」，才使他敢那樣要求唐太宗。

第二，魏徵敢於直言納諫，且屢次成功，還在於唐太宗虛懷若谷，廣納諫言的仁君風範。對於魏徵每次的「犯顏」直諫，唐太宗都能放下高高在上的帝王架子，私下以朋友之禮相待，虛心學習，採納良言。唐太宗曾將魏徵比作自己的一面鏡子，可以更好地了解自己的得失。

有這樣一首詩歌頌唐太宗和魏徵君臣二人：「諍臣善終史少有，聖君虛懷亦非常。君臣同台競表演，悠悠千古留絕唱。」像李世民和魏徵這樣的領導者與被領導者不僅古代需要，現代社會也同樣需要，永遠也不會「過時」。

李白與楊貴妃到底是什麼關係

　　唐朝大詩人李白，以詩仙的形象寫出了許多膾炙人口的詩歌。李白曾多次隨侍唐玄宗、楊貴妃身邊，奉旨寫出了許多詩歌以娛唐玄宗、楊貴妃遊興。

　　天寶元年（742年）八月，李隆基讓李白做了待詔翰林，雖然這只是一個候補官職，卻讓李白有了接近皇帝的機會。李白憑待詔翰林的身分曾多次跟隨李隆基、楊貴妃出遊。從天寶元年十月唐玄宗攜楊貴妃往驪山泡溫泉開始，唐玄宗每次攜楊貴妃遊玩，都會讓李白跟隨左右，以吟詩佐興。《侍從遊宿溫泉宮作》、《宮中行樂詞十首》、《龍池柳色初青聽新鶯百囀歌》、《清平調詞三首》、《白蓮花開序》、《春日行》、《陽春歌》等詩。李白的才華讓唐玄宗刮目相看，優禮異常。李白進宮，給奢侈而沈悶的宮廷生活吹進了一股清新的空氣，出現了後世記載的「御手調羹」、「貴妃捧硯」、「力士脫靴」等典故。這份官職持續一年多之後，李白就被唐玄宗逐出了長安。

　　在李白跟隨唐玄宗、楊貴妃到處遊玩的一年裡，才子李白與美人楊貴妃必定相識，李白也曾用「雲想衣裳花想容」、「可憐飛燕倚新妝」、「名花傾國兩相歡」，來形容楊貴妃的美貌。

　　雖然李白與楊貴妃在當時並未傳出什麼緋聞，但是後人往往都喜歡把這樣的才子佳人放在一起，人們也願意相信其實李白與楊貴妃之間還是有點什麼，只是這些都沒有事實根據而已。李白

與楊貴妃之間的真實關係，我們不得而知，但是至少惺惺相惜之情應該還是有的。

李白曾有一年的時間接近唐玄宗，仕途通達也不是不可能。但是事情往往沒有絕對，天寶三年，也就是李白入京一年之後，他就被朝廷放逐，離開了長安。對於正受寵的李白被放逐的原因，後世也有多種說法。其中一種說法就與楊貴妃有很大關係。

《新唐書·李白傳》記載，李白被逐出長安是由於楊貴妃和高力士在皇帝面前詆毀李白。但是這種說法很快遭到反駁。因為，第一，《新唐書》記載，高力士曾摘出李白詩中以趙飛燕影射楊貴妃的句子挑撥楊貴妃，說李白是在影射和揭發楊貴妃跟安祿山的淫亂祕密。這種說法讓人難以相信，李白還不至於大膽到如此直接、露骨地影射這種敏感事件。此外，楊貴妃雖然「集三千寵愛於一身」，但是唐玄宗還沒有被愛情沖昏頭腦，楊貴妃干政並不可能，歷史證明，楊貴妃也並沒有干政。所以楊貴妃詆毀李白的說法並不能成立，況且李白與楊貴妃之間並沒有什麼重大的利害關係，彼此之間才子佳人惺惺相惜的可能性倒是比較大。

再者於高力士，唐玄宗也不允許宦官干政，高力士自是十分清楚。如果說是因為一次李白酒醉後在玄宗等人面前寫詩，讓他脫靴，讓他在唐玄宗面前說李白壞話，可是當時李白正受皇寵，對於高力士這樣一個弄臣來說，難道他會不知道其中的利害關係？

既然李白被逐與楊貴妃和高力士無關，那麼真正的原因又是什麼？《唐左拾遺翰林學士李公新墓碑序》記載，「玄宗甚愛其才，或慮乘醉出入省中，不能不言溫室樹，恐撥後患，惜而逐之」，李白被逐的真正原因是李白愛喝酒、易喝醉，害怕他酒後吐真言，擔心李白酒後泄露宮闈祕聞。所以唐玄宗打消了任命李白為中書舍人的念頭，而放逐其回家。

大儒朱熹「納尼為妾」事件真相

朱熹是南宋的一代大儒，他的程朱理學思想一度在思想史上佔據了主要地位。然而這樣一位曾任帝師、受世人推崇的大儒，卻被扣上了「納尼為妾」、「偽君子」、「假道學」的帽子，並在一片唾罵聲之中含恨而終。

南宋寧宗慶元二年，爆發了有名的「慶元黨案」。朱熹就不幸地成為「慶元黨案」這場暴風雨的中心。這年十二月，監察御史沈繼祖彈劾朱熹，其中有「引尼姑二人以為寵妾，每之官則與之偕行」和「家婦不夫而孕」兩條罪狀。

這兩條罪狀足以使朱老夫子的一世英名掃地。因為古人注重名節，甚至把名節看得比生命還重。朱熹為老不尊，貪色好淫，引誘兩個尼姑做寵妾，出去做官時還帶在身邊招搖過市，甚至還被疑「翁媳扒灰」，致使兒媳在丈夫死後還懷上身孕。

這種事在注重德行的社會中是為世人所不齒的。最足以致命的是，朱熹還承認自己的這些罪名，更讓世人們肯定了朱熹敗壞了道德綱紀。真相如何，不論是朱熹是為保性命而不得不妥協認罪，還是真有其事，朱熹認罪的事實都成為他聲名狼藉、為後世攻訐為「偽君子」的主要原因。

朱熹把自己弄得如此狼狽，除了自己的原因以外，還有更重要的原因，就是政治鬥爭。

自古以來，政治舞台都是一個殺人不見血的戰場。「慶元黨

案」也無疑是一場殘酷的政治鬥爭。

朱熹曾通過宰相趙汝愚推薦，出任煥章閣侍制兼侍講，也就是皇帝的老師。此時朱熹已經65歲，但他性情過於耿直，喜歡倚老賣老，經常在講學的時候上書皇帝要「克己自新，遵守綱常」，甚至連續六次上本彈劾台州知府唐仲友貪贓枉法，因此而得罪了許多權貴。而朱熹仗著自己帝師的身分在皇帝耳邊喋喋不休，甚至指責皇帝的不是，皇帝也對朱熹極為不滿。

朱熹塑像

當時的朝廷由外戚韓胄和宰相趙汝愚共同把持。韓胄也一心想要扳倒趙汝愚，以達到自己獨斷朝綱的目的。趙汝愚被韓胄視作眼中釘、肉中刺。於是韓胄決定以趙汝愚的摯友朱熹為突破點，通過設立「偽學」之說來打擊朱熹和趙汝愚。

當宋寧宗看到這份奏折之時，想到自己對朱熹的不滿，於是就很乾脆利落地准了這份奏折，趙汝愚遭謫永州，朱熹被彈劾。《宋史》記載，「十二月辛未。金完顏崇道來賀明年正旦。是月，監察御史沈繼祖彈劾朱熹，詔落熹祕閣修撰，罷宮觀。」宋寧宗還當朝宣佈道學為偽學，禁止傳播道學。趙汝愚和朱熹的眾多門生故吏也大難臨頭各自飛了。

就這樣朱熹名聲掃地，背上一世罵名，沒過幾年就死去了。之所以會有這樣的結局，其實朱熹自己要負很大一部分責任。

自古名士為何逼迫女子纏足

纏足是古代中國的一種陋習，一種畸形發展的社會現象。即使是在世界史上，纏足也是中國古代所特有的現象。

纏足之風由來已久。至於何時興起，歷來都眾說紛紜，莫衷一是。最常見的說法是南唐後主李煜在位期間開始形成纏足之風。因為李煜喜歡看歌舞表演，一日突發奇想，令舞女以帛纏足，成新月之狀，有「回旋有凌雲之態」，深受李煜喜愛，此風逐漸從宮內傳向宮外，習傳之後世，千年之久。

也有一些學者認為，纏足之風始於宋代。宋代詩人蘇東坡曾專門作《菩薩蠻》一詞，詠嘆纏足，這首詩是中國歷史上第一首詠嘆纏足的詩歌。

由此可見，在北宋時期纏足的習俗已經出現。宋代人喜歡把女人的腳纏得纖直，只有高貴女人才裹腳，普通婦女是不裹的。到了明代，婦女的小腳的形狀要求更高更嚴，女子小腳不但要小，要縮至三寸，而且還要弓。清代，婦女纏足可謂登峰造極，女子以小腳為美，腳大為恥。社會各階層的女子都要纏足，「三寸金蓮」之說深入人心。女子纏足以後，三寸金蓮就變成了一個最隱私的部位，絕不可讓陌生男子看見。

其實纏足之風的興盛與古代中國名士們的喜好有很大的關係。中國自古以來長期處於自給自足的封閉狀態，男耕女織，分工明確。這注定了婦女的社會地位逐漸下降，成為隸屬於男子的

所有物。所以男子尤其是名士們對女子貞操要求極高。既然要求女子為夫守貞，最好的方法就是限制女子的行動，減少女子與外界接觸的機會。

另外，對於中國古代婦女而言，婦女存在的主要作用在於供家族傳宗接代和性服務。孔子有言：「食色性也」，也就是說性意識與性行為，是人作為生物存在的本能。一個女子最能引起男子情慾的地方是其掩藏的部位，而非其裸露部位。婦女緊緊掩藏在鞋內的雙腳就是最能引起男子遐思的部位。同時，小腳女子走起來總是給人一種娉娉婷婷、扭扭捏捏的美感。

近年來，外國學者通過研究，從生理角度解釋了男子喜歡小腳女子的原因。因為纏足女子正常行走之時，兩腿及骨盆肌肉需要經常繃緊，所以，她們陰部的肌肉較緊，男人和她們性交，有與處女性交的感覺，這也是為了滿足男子性慾的要求。

古代有許多人，尤其是文化人，都是「拜足狂」，對三寸金蓮大加吟詠。

古代名士逼迫女子纏足，還有一個重要的原因，即若干名士的聞臭情結。自古名士都有一些怪癖，喜愛聞臭的東西就是其中一種，所以古代也有「臭名士」一說。

所謂「臭名士」，一種是名聲上的臭；一種是身體上的臭，如不洗浴、不剃頭等；一種是食慾上的臭，即喜歡吃含有臭味的東西；還有一種嗅覺上的臭，即喜「聞臭物」。婦女纏小腳，正好迎合了他們嗅覺上的臭。女子纏足，久裹必臭，臭到有一種難以言喻的味道，這種惡臭的氣息，正中他們的下懷，甚至以此作為唯一的樂趣。

宋徽宗與李師師之間的情緣

　　妓女文化在中國由來已久，春秋時期齊桓公稱霸後，管仲設「女閭」300，是中國官妓的開端。在男權統治下的古代社會，娼妓制度一直沿襲下來。妓女作為社會中的特殊群體，與社會各階層的人都有來往，下至販夫走卒，上至達官貴族甚至皇帝。自秦漢以來，皇帝與妓女往來並不稀罕，但是這種交往多數是為了色情和肉慾的需要。但是，皇帝和妓女真心交往的事也是真的存在，比如宋徽宗趙佶和名妓李師師。

　　文學作品《鎮安坊》再一次把李師師與宋徽宗推上了風口浪尖，這部作品就是描述了宋徽宗趙佶與當時名妓李師師的私情故事，重塑了李師師的傳奇經歷。

　　李師師是宋徽宗時的名妓，自幼家貧，四歲喪父，無依無靠的李師師由李媼扶養，學著女工和琴棋書畫。李師師還師從著名音樂家周邦，因此李師師的曲也唱得很好。李師師慢慢成長為一個擁有迷人姿色和高雅才藝的一代名妓，轟動京城。

　　李師師的名聲日高，多少王公貴族都不得見。深處深宮內苑，講求奢華、追慕風雅而又極盡聲色犬馬之樂的徽宗趙佶也聽說了李師師的艷名。

　　宋徽宗第一次見李師師的情形，也有兩種說法，一種是宋徽宗由高俅、楊戩陪伴，通過早已與李師師相識的高俅引見，宋徽宗見到了李師師，被李師師的美貌和才藝吸引，從此開始了與李

師師長達數十年的情緣。另外一種說法是，當時宋徽宗身邊有個叫張迪的宦官，張迪未入宮之前就常流連於汴京青樓妓館，當然也知道李師師的艷名。於是在張迪的帶領之下，宋徽宗趁天黑之時，喬裝來到鎮安坊，見到了李師師。

不論宋徽宗是如何見到李師師，但是有一點可以肯定，就是宋徽宗與李師師結識，並且十分喜愛李師師，而且第一次見到宋徽宗的李師師並不知道自己面前這個男子的真實身分。李師師有一種怪癖，凡是到她這裡來的人，只要略通文墨，便得留下詩詞一首。

宋徽宗正好又是一個多才多藝的風流皇帝，自然不會推辭。於是宋徽宗欣然提筆，用他那獨一無二的「瘦金體」書法寫道：「淺酒人前共，軟玉燈邊擁，回眸入抱總含情。痛痛痛，輕把郎推，漸聞聲顫，微驚紅湧。試與更番縱，全沒些兒縫，這回風味忒顛犯，動動動，臂兒相兜，唇兒相湊，舌兒相弄。」

宋徽宗與李師師再次見面是四個月之後。宋徽宗由王黼陪伴再一次來到鎮安坊，王黼也是李師師的舊交，她自然知道王黼位高權重。李師師見到這位公子一次由高俅陪伴，一次由王黼陪伴，並且兩人都對他禮遇有加，心裡大概也明白了幾分。於是更加承歡，宋徽宗也更加喜愛李師師。從此以後，宋徽宗就常常趁夜偷偷出宮來見李師師。

張迪看到宋徽宗對李師師的眷戀，加上對皇帝夜行的考慮，於是就給宋徽宗出了個主意，從宮中向東挖了一個二三里的地道，直接通到鎮安坊。徽宗此後經常通過地道臨幸醉杏樓，和李師師在一起。

自從李師師與宋徽宗在一起之後，李師師的院子就大興土木，建得美侖美奐。宋徽宗還親自提名「醉杏樓」。李師師與宋

徽宗深交，引起了朝廷之中大臣的反對，就連皇后也說：「皇帝行娼，自古所無，再加上昏夜出行，保衛工作也不周全。」

　　但是深深迷戀李師師的宋徽宗又怎麼能聽得進去。多年來，宋徽宗賞賜給李師師大量的金銀財寶，竟有十萬兩之多。

　　金兵的鐵蹄踏破了大宋的歌舞昇平。靖康之難之後，宋徽宗被金俘虜。當金兵包圍了汴京之時，李師師把多年來積聚下來的價值九萬幾千兩的財貨全部奉獻給國家作為抗金的軍費。李師師獨自逃到了慈雲觀做了女道士，後來被金軍找到，因李師師不願意侍奉金主，就乘人不備的時候吞金自殺了。一代名妓李師師，這位被徽宗寵愛的宮外美人，就這樣悲壯不屈地死去。

成吉思汗長子的身世之謎

　　成吉思汗是世界歷史上最偉大的軍事家，作為一個世界的征服者，他發動了世界古代史上規模最大的戰爭，建立了版圖最大的帝國。可是這位被人們讚為「千古風雲第一人」的偉人卻有一塊不為人知的心病，即他對自己長子尤赤的身世的懷疑。

　　成吉思汗的成長經歷很是艱辛。他小的時候隨父親也速該去了弘吉刺部，弘吉刺部之行，徹底改變了成吉思汗一生的命運。弘吉刺部的智者德薛禪將自己的女兒孛兒帖許配給鐵木真。但是鐵木真與父親在回程途中，遇到了塔塔兒人鐵木真兀格之子札鄰不合，也速該被毒死。也速該臨終之前要求部眾將來一定要殺光塔塔兒人，以慰藉自己的在天之靈。也速該死後，鐵木真的生活一下子跌進了痛苦的深淵，因為蒙古草原上的塔里忽台乘機興風作浪，奪取了本屬於他的權力。鐵木真母子被蒙古部眾拋棄，在草原上艱難度日。鐵木真的母親把振興家族的希望都寄託在了鐵木真三兄弟之上，但是鐵木真與其弟別克帖兒不合，在鐵木真13歲之時，鐵木真和他的一個弟弟哈撒兒一起射死了別克帖兒。鐵木真的母親很傷心，並且告訴鐵木真，只有兄弟一心才能振興家業，鐵木真也記住了母親的教訓。

　　鐵木真漸漸成長為少年英雄。16歲之時，為追回被盜的9匹銀合馬，鐵木真結識了博爾術，博爾術與鐵木真結為好友，並助鐵木真奪取天下，成為鐵木真手下的四大名將之一。

鐵木真逐漸在草原上建立起了威名。塔里忽台擔心鐵木真影響到自己的權力，決定以鐵木真殺弟為由，用鐵木真的人頭祭天祭山。但是鐵木真卻打傷看守逃走了。在生死攸關之時，鐵木真被塔里忽台的捅馬乳奴隸鎖兒罕失剌的女兒合答安所救。

蒙古草原上有一種習俗叫做「遇客婚」。合答安也因此與鐵木真產生了一段感情。對於合答安，鐵木真是真心感激，臨走之時承諾，如果能活著逃出去，將來一定要娶她為妻。但是合答安知道鐵木真與弘吉剌部的貴族女兒孛兒帖有了婚約，自己作為奴隸根本配不上他。所以她告訴鐵木真：將來你真有了出頭之日，讓我做一個奴婢，侍候你一輩子吧！鐵木真一直記得合答安，合答安回到鐵木真身邊時已經40歲，鐵木真想要報答合答安當年相救之情，準備納之為側妃，但是合答安拒絕了，以奴隸的特殊身分待在了鐵木真身邊。

鐵木真18歲的時候與孛兒帖成婚。但是幾個月之後，孛兒帖就被仇敵搶走了。鐵木真殺父之仇未報，又有奪妻之恨，於是他開始尋找可靠的盟友，打敗了對手，奪回了妻子。孛兒帖回來後不久就生下了鐵木真長子朮赤。

因此鐵木真對朮赤的身世產生了懷疑，也給朮赤的心理上帶來了陰影。朮赤與鐵木真次子察合台不合，察合台多次向他挑釁，加上父王對自己的漠視，使得朮赤更為消極。最後，鐵木真把朮赤和察合台分別安排在花剌子模的新舊國都裡當國王。朮赤40歲時在對家鄉草原的濃濃思念之中離世。

朮赤是不是成吉思汗的親生骨肉，一直是後人爭論的焦點。這件事也成了成吉思汗心中最大的陰影。

朱元璋為何鼓勵娼妓事業

　　如果說中國歷史上最有名的妓女，秦淮八艷必佔一席之地。南京的大型浮雕《秦淮流韻》上展示的25位歷史人物中，就有秦淮八艷。秦淮八艷之所以能上「文化牆」，與她們擁有的文化地位息息相關。秦淮八艷能成為文化名人，就是朱元璋鼓勵娼妓的產物。

　　洪武元年，朱元璋建都金陵。《五雜俎》記載，「太祖於金陵建十六樓，以處官伎：曰來賓，曰重譯，曰清江，曰石城，曰鶴鳴，曰醉仙，曰樂民，曰集賢，曰謳歌，曰鼓腹，曰輕煙，曰淡粉，曰梅妍，曰柳翠，曰南市，曰北市，蓋當時縉紳通得用官伎，如宋時事，不惟見盛時文罔之疏，亦足見升平歡樂之象。今時刑法日密，吏治日操切，而粉黛歌粉之輩，亦幾無以自存，非復盛時景象矣。」

　　朱元璋在秦淮河畔設置妓院，由中央政府經營。

　　一代皇帝，卻鼓勵娼妓事業，朱元璋採取這項措施的作用是什麼？又產生了什麼樣的效果呢？

　　朱元璋一手操辦了國營妓院這種新模式，其目的也很簡單：增加國家賦稅收入。朱元璋希望通過妓院吸引那些「商賈之士」去妓院「消費」，這樣就可以把富商手中的錢轉成國有資產，充入國庫。朱元璋的出發點是好的，但是他並沒有考慮到社會現實的問題。首先是富商巨賈們願不願意去妓院消費，事實證明，商

人的確很精明，他們並不願意花太多的錢在吃喝玩樂之上。其次，妓院對朝廷官員們卻有巨大的吸引力，甚至還出現了百官爭嫖的「壯觀」景象。官員無心政事，下朝之後就去妓院「公款消遣」，幾乎掏的都是國庫的錢。朱元璋真是賠了夫人又折兵。第三，朱元璋費盡心思，搞出了秦淮河畔興盛的青樓文化，卻怎麼也無法想到也是因為此，或多或少地推動了明朝的滅亡。因為明末秦淮名妓陳圓圓，就是吳三桂衝冠一怒為紅顏的主角。

朱元璋無法預料到大明朝的滅亡，但是對於當前由於青樓文化引起的世風日下，他是十分清楚的。所以朱元璋馬上就下令禁止官吏嫖妓。他下令說：「凡官吏宿娼者，杖六十，媒合之人減一等，若官員子孫宿娼者罪亦如之。」

朱元璋在秦淮河畔的國營妓院賺不了錢，還破壞了朝綱，無奈之下，最後只好撤掉妓院。這次朱元璋又失算了，商人是很精明的，因此在國營妓院撤銷之後，人們以前的娛樂場所不在了，供求之間失去了平衡，總得有人來填補這一領域，是誰呢？當然是有錢又聰明的商人，他們建立起了一批批私營妓院，秦淮風月從此更加繁榮昌盛，甚至成為大明朝的一個文化符號，秦淮八艷就是這種文化最明顯的標誌。

秦淮八艷不能以世俗的妓女而論，她們無論品貌，還是智慧都必有過人之處。她們對社會乃至歷史都產生了巨大的影響。不可否認，她們是文化中最特殊的群體，承載了風月與歷史、恥辱與正氣、妓女與文人混雜的文化，只是她們無法承載道德的重壓。

朱元璋一手開創了秦淮風月，卻是竹籃打水一場空。

明成祖為什麼要捕捉天下尼姑

　　《明史紀事本末》記載，永樂十八年，明成祖朱棣下了一條奇怪的命令：「凡北京、山東境內尼及道姑，逮之京詰之。」隨後，明朝政府開始大肆抓捕尼姑道士。全國所有的尼姑以及女道士，統統被逮捕送到京師逐一審問，驗明真實身分。明成祖與這些講求六根清淨、四大皆空、與朝廷素無瓜葛的尼姑有何恩怨，以至於全國的尼姑都遭受到了前所未有的侵擾和追捕呢？

　　這場千古以來史無前例的尼姑逮捕案，起源於一場農民起義運動。永樂十八年，山東境內發生了嚴重災荒，官府不但沒有發糧救濟，還抓捕了大量聚眾向官府討要糧食的農民，許多人被活活打死。二月，唐賽兒以白蓮教名義組織農民數千人，以紅白旗為號於濱州起義對抗朝廷。起義軍很快就佔領了青州、諸城、莒縣、即墨等州縣。明成祖朱棣聽說後「甚為震驚」，派重兵鎮壓。然而起義軍卻突然消失不見，領袖唐賽兒也憑空消失不見。官軍在找不著義軍之後，便稟報明成祖說唐賽兒失蹤了。

　　白蓮教起義多次打敗明朝官軍，但是規模畢竟很小，持續時間也不長，但是唐賽兒對政府的招安不理不睬，蠱惑民眾與朝廷對抗，使得朱棣顏面掃地。因此，朱棣為了消除心中怒氣，殺一儆百，下令必須抓到唐賽兒。

　　《明史紀事本末》記載，「唐賽兒久不獲，慮削髮為尼或處混女道士中，遂命法司，凡北京、山東境內尼及道姑，逮之京詰

之。」

　　那麼，朱棣又為何認為唐賽兒是藏身於尼姑之中呢？首先，佛門自古就是清淨之地，遠離世俗，官府不能介入佛門之事，所搜捕的官員在長期搜索不到唐賽兒所在，就以其藏身佛門為藉口來推卸責任；其次，唐賽兒起義之時自稱「佛母」，也讓人們有理由相信她有可能藏身於佛門。

　　因此，山東左參政在得到朱棣的首肯之後，第一時間抓捕了在山東、北京的尼姑，但是卻還是沒有唐賽兒的下落。

　　《明史紀事本末》又記載，「永樂十八年二月，山東蒲台唐賽兒反，唐賽兒不獲，溟逮天下出嫁尼姑萬人。」

　　朱棣似乎鐵了心要抓到唐賽兒，在山東、北京一無所獲之後，他把搜索的範圍擴大到了全國。這次朱棣又失望了，因為長時間的搜捕之後，仍是毫無進展。一向以強大嚴密著稱的封建統治，卻在唐賽兒面前顯得如此虛弱無用。

　　白蓮教並沒有因為明成祖的大肆抓捕而消失，直到清朝也一直沒有停止活動。至於唐賽兒是否藏匿於佛門，或是戰死疆場還是削髮為尼，或是為人民群眾所保護，後人不得而知。但是直到朱棣去世，官府依然沒有她的下落。幾百年來，歷代史學家為了尋覓這位巾幗英雄之所在，皓首窮經，至今仍無定論。

順治和董小宛的真實關係

明末秦淮名妓的愛情故事不知被後世演義了多少次，跌盪起伏卻又極具傳奇色彩。引得吳三桂衝冠一怒為紅顏的陳圓圓，跳水殉城的柳如是，還有一位更戲劇化的人物董小宛。

董小宛如此有名，除了她本身作為秦淮名妓艷名遠播之外，最重要的是後人還把她與清世祖順治皇帝聯繫在了一起，認為董小宛就是清史上記載的與順治帝情投意合的董鄂妃，即那個讓少年天子順治出家的女主角。

與順治帝傾心相愛的人董鄂妃，就真的是董小宛本人嗎？其實把順治帝與董小宛聯繫起來實屬無稽之談。

董小宛是明末秦淮名妓，名白，生於公元1624年，卒於公元1652年，是冒襄（辟疆）的妾。冒襄是當年江南的四大公子之一，他曾經與秦淮河畔的另外一位風雲美女陳圓圓還有過一段風花雪月的交往，但是最終也隨著陳圓圓入宮無疾而終。後冒襄又同與陳圓圓齊名的董小宛交往。董小宛雖然是秦淮河畔的美女，才色雙全，但是她的出身也注定了她為妾的命運。冒襄曾作《影梅庵憶語》以及《如皋冒氏嚴書·家乘舊聞·亡妾董小宛哀辭》來描述董小宛，這是歷史上唯一有關董小宛的記載。

至於順治皇帝，《清史》等正史之中有詳細的記載。順治後帝即清世祖愛新覺羅·福臨，是清太宗皇太極的第九個兒子。皇太極去世之後，皇太極長子豪格與皇太極之弟多爾袞陷入帝位之

爭，但是雙方實力相當，最後在不得不妥協的情況下選擇了年僅六歲的福臨繼承帝位。稱帝後的福臨在攝政王多爾袞的幫助之下，從滿洲汗國的汗王一躍成為君臨神州的中國君王。少年皇帝的名字可謂是實至名歸，上天的確給他兩個貴人，多爾袞和吳三桂。多爾袞代替他征戰南北，吳三桂一怒為紅顏，使多爾袞的部隊能夠不費吹灰之力越過山海關，佔領了北京。

順治這麼一個異族皇帝與董小宛這麼一個漢族美女又是如何被聯繫在一起的呢？

誤會還起源於大文豪龔鼎孳《賀新郎》中「難倩附書黃犬」這句詞。《賀新郎》這首詞是龔鼎孳讀冒襄《影梅庵憶語》而作的觀後感。人們認為「黃犬」就是清廷太監，據此推測出董小宛曾入宮。

其實「黃犬」最先出自《晉書·陸機傳》裡面，「初，機有駿犬，名曰黃犬，甚愛之。」所以「黃犬」也只是一個典故罷了，根本不是指太監。

其次，生於公元1638年，6歲繼位的順治皇帝，即由母親孝莊文皇后親自教養，在攝政王多爾袞的主導之下，把孝莊文皇后的姪女、蒙古科爾沁部卓禮克圖親王吳克善之女冊立為皇后。但是小兩口的感情並不好，時有摩擦發生。

後來順治與常到後宮入侍的董鄂氏相戀，董鄂氏因此被封為皇貴妃。人們把董小宛與順治聯繫起來，可能是由於董鄂氏與董小宛同姓董，而且都是才色雙全的美人。

但是，冒襄《如皋冒氏嚴書·家乘舊聞·亡妾董小宛哀辭》記載，「痰湧血溢，五內崩舂」「脾虛肺逆」，也就是說董小宛死於疢疾，即肺結核。冒襄在《如皋冒氏嚴書·家乘舊聞·亡妾董小宛哀辭》的前文小敘中記載：「小宛自壬午歸副室，與余形

影麗者九年，今辛卯獻歲初二日長逝。」

因此，我們可以肯定董小宛的確死於冒襄家中。而壬午就是明崇禎十五年，亦即公元1642年，辛卯系清世祖順治八年，亦即公元1651年。所以董小宛於1642年嫁給了冒襄做妾，1651年因肺結核而死於冒襄家中。

根據兩人的生卒年月，生於1624年的董小宛比生於1638年的順治皇帝整整大了14歲。而董小宛1651年去世之時，順治皇帝才13歲。試問一個13歲的少年天子如何與一個27歲的成熟婦人相戀，還譜出了一曲生死戀曲？

之所以把順治與董小宛連接起來，只不過是好事者們文學想像力的結果罷了。

楊乃武與小白菜案的背後

發生在清同治光緒兩帝期間的「楊乃武與小白菜」一案是晚清四大冤案之首，歷時四年才得以沈冤得雪。這個案件之中也有著許多鮮為人知的真相。

楊乃武是浙江餘杭縣鄉試的舉人，自幼勤奮好學，為人正直，好打抱不平。小白菜原名畢秀姑，是葛品連之妻，長相相當俏麗。小白菜夫婦曾租住在楊乃武家的一間房子裡。因葛品連在外幫工，早出晚歸，而楊乃武與小白菜同住一樓，過往甚密。所以街坊鄰居就傳出流言，說楊乃武與小白菜之間關係曖昧。

同治十二年十月初九，葛品連突發疾病，本以為是患了流火疾，到了申時葛品連便死了。葛品連死後的第二天，屍體的口、鼻內竟流出血。因此葛品連的母親馬上向餘杭縣知縣劉錫彤要求驗屍查明死因。

劉錫彤帶著仵作沈祥及門丁沈彩泉等前去勘驗，勘驗過程之中，沈祥用銀針刺探屍體喉部，青黑色，擦之不去，不似是砒毒之徵，心下疑惑，卻並未用皂角水多次擦洗，就向知縣稟報說是中毒身死，卻未報何毒致死。而沈彩泉則說是砒毒致死。

劉錫彤又聯想到街坊間關於楊乃武與小白菜有姦情的流言，馬上就認定小白菜有殺夫嫌疑，將小白菜帶回縣衙審問，小白菜最後卻在劉錫彤的嚴刑酷法之下，承認了自己用砒霜毒死了葛品連。當年的《申報》載，小白菜受的刑是「燒紅鐵絲刺乳，錫龍

滾水澆背。」

　　酷刑之下，小白菜供述說她是在十月初五這天從楊乃武手中得到砒霜，在十月初九這天把砒霜倒入藥湯中讓葛品連一起服下，以達到她與楊乃武通姦居住的目的。

　　得到小白菜的口供之後，劉錫彤如獲至寶。因為劉錫彤與楊乃武之間本就有仇怨，楊乃武曾以濫收錢糧、斂贓貪墨的罪名舉發他，劉錫彤因此而斷了財路。於是劉錫彤馬上逮捕了楊乃武，但是楊乃武卻說自己十月初二到十月初九這段時間根本不在餘杭縣內，而是去餘姚岳母家辦事。否定小白菜供認的初五日交砒霜的事實。楊乃武拒不認罪，劉錫彤就對其嚴刑拷打，熬不過嚴刑酷法的楊乃武最後也不得不認罪。

　　得到楊乃武和小白菜的供認，杭州知府陳魯以楊乃武與小白菜通姦共謀害死葛品連定案，判處兩人死刑。

　　期間，楊乃武在獄中書寫了關於自己是被屈打成招的申訴材料，由其妻楊詹氏和其姐楊淑英向衙門申訴。

　　經過輾轉波折，驚動兩宮太后和皇帝，兩宮太后示意將楊乃武與小白菜案由刑部在北京重審。刑部接下此案後，便調集本案的有關證人及楊乃武和小白菜進京。

　　審理過程中發現了大量疑點，尤其是發現楊乃武和小白菜都受過酷刑，與官員上奏中所說的並無刑訊一節明顯不符。當初提供證詞說賣給楊乃武毒藥的艾仁堂藥店的店主錢坦已經死亡。種種疑點說明這起案子極有可能是冤案，於是刑部決定重新開棺驗屍。

　　經過再次驗屍，刑部仵作認為葛品連屬於因病而死，並無中毒現象。冤案是由於沈祥等首次驗屍不符合朝廷規定的檢驗要求而造成的。

　　楊乃武與小白菜案歷時四年多，最終得到平反。朝廷下令革去了劉錫彤知縣之職，併發配黑龍江效力贖罪，不准收贖。沈祥以及其他相關人等30多位官員被革職、充軍或查辦，浙江巡撫楊昌浚、浙江學政胡瑞瀾，杭州支付陳魯一干官員100餘位革職永不續用，此案也終於得以告一段落。

　　從最後的審判結果來看，這場案件其實是朝廷平衡湘系勢力的手段而已。因為當時浙江一帶的官員幾乎都是出身於曾國藩的湘軍，同處湘系，官員之間相互扶持，相互維護，從而致使案子遲遲難以翻案。對於朝廷來說，「楊乃武與小白菜」一案就是最好的削弱湘系勢力的機會。

光緒當年不肯入洞房之謎

　　清朝從建立之初就十分注重政治聯姻和家族婚姻。政治聯姻主要是滿蒙之間的聯姻，如努爾哈赤、皇太極、順治等多人都娶了蒙古貴族女子為妻妾。家族婚姻其實是政治聯姻的延伸，就是有親戚關係的兩族貴族子女成婚，諸如姑表親婚、婚姻不拘行輩等。比如皇太極之時，兄莽古思一門姑侄三人共同嫁給了皇太極為妃，順治皇帝就娶了母親孝莊皇太后的哥哥的女兒為后，順治皇帝和皇后就是表兄妹的關係。這也是滿洲落後婚姻習俗的表現。

　　光緒年間，光緒皇帝娶了自己的表姐為皇后，也就是後來的隆裕皇后。慈禧把隆裕嫁給光緒，也主要是效仿了孝莊太后。隆裕是慈禧親哥哥桂祥之女，從娘家算是慈禧的內姪女。而光緒並非慈禧親生，是慈禧的親妹妹葉赫那拉氏之子，從娘家這方來說，光緒又是慈禧的內侄子。所

慈禧

光緒帝

以如果從慈禧娘家這方算來，光緒和隆裕就是表親的關係。隆裕比光緒年長，隆裕應當就是光緒的表姐。慈禧把自己的姪女嫁給自己的侄子，也算是親上加親。

光緒這個皇帝做得有點窩囊，雖然身為皇帝，可是面對專權的慈禧，也只有認命的份，光緒對慈禧是言聽計從的。光緒與表姐隆裕成婚前的關係一直不錯，隆裕作為姐姐，對光緒特別照顧，就像對待自己的親弟弟一樣，兩人的關係十分融洽。可是突然之間，慈禧把自己的姐姐指給了自己做皇后，光緒實難接受。但為了服從慈禧，也為了討好慈禧，光緒不得不這麼做。

慈禧給把隆裕嫁給光緒做皇后的同時，還選了他他拉氏的瑾妃和珍妃兩個給光緒做妃子。光緒帝一生也就只有這一后二妃，是清朝皇帝中后妃最少的皇帝，也是最晚成婚的皇帝。

慈禧的做法也是為了出於其政治上的考慮，目的就是要把朝政交給光緒後，慈禧還能夠利用皇后來操縱光緒，最起碼可以監視和掌握皇帝的一舉一動。

因此，光緒的心裡也十分鬱悶，大婚的當晚甚至還撲倒在隆裕皇后的懷裡大哭說：「姐姐，我永遠敬重你，可是你看，我多為難啊。」更何況光緒，自是希望自己的皇后能漂亮點，但是隆裕的長相醜陋身材瘦弱還有些駝背，這也十分不合光緒的意。心裡不痛快的光緒自然就不肯與皇后同床了。後來光緒又發現珍妃不僅聰明漂亮，而且有政治遠見，非常符合他的一些想法，光緒就非常喜歡珍妃。光緒也就不肯與隆裕在一起了。

福康安是乾隆私生子嗎

清乾隆年間，朝廷之中最大的權貴不是人們在電視之中所看到的和珅，而是傅恆一家。傅恆出身於滿清貴族，從小就作為乾隆皇帝的侍讀，與乾隆皇帝一起長大。深得乾隆皇帝的信任的傅恆，二十出頭就已經是太師、太傅、太保「三公」加於一身的少年權貴。

在乾隆執政的六十三年間，傅恆任軍機處首席軍機大臣的時間長達二十二年之久，佔了三分之一的時間。傅恆還曾兩度晉封為一等功，這在乾隆一朝甚至是整個清朝都是絕無僅有的。

傅恆的姐姐富察氏是乾隆皇帝的第一任皇后孝賢純皇后。孝賢純皇后是乾隆的結髮妻子，清純自然、法祖承本，贏得了乾隆的喜愛。孝賢純皇后死後，乾隆一度十分痛苦。傅恆作為孝賢純皇后的親弟弟，加上才華橫溢、處事謹慎，乾隆一直對這個內弟很看重，委以重任，因此傅恆能在少年時期就不斷加官晉爵。

傅恆死後，富察氏一家又出了一位得寵於乾隆的子弟，即傅恆第三子福康安。福康安生於乾隆十八年（1753年），剛出生的福康安就得乾隆皇帝欽賜姓名，幼年福康安被乾隆皇帝帶進了皇宮親自教養，待之如同親生兒子一般。

福康安長大成人以後，乾隆對他更是委以重任，生前封貝子，死後贈郡王，成為一代寵臣之最。

因為乾隆對福康安過分寵愛，因此有人猜測福康安其實是乾

隆與傅恆福晉的私生子。原因如下：

首先，清朝入關之後，分封吳三桂等異姓王，結果引出了三藩之亂的禍事來，因此清政府下令「異姓不王」。但是，福康安卻被封為嘉勇郡王，配享太廟。福康安的兩個哥哥都很優秀，但乾隆卻從未打算加封他們王爵。如果是因為戰功而封王，那麼與福康安戰功相當的兆惠、阿桂為什麼沒有封王呢？

其次，福康安十幾歲就開始南征北戰，戰無不勝。乾隆皇帝在他每次出征的時候都給他做最好的準備，以便他能戰勝歸來。例如，福康安平定台灣林爽文起義之時，乾隆皇帝就讓名將海南為副將隨福康安出征；乾隆五十六年（1791年）十一月，乾隆皇帝任命福康安為將軍入藏作戰之時，乾隆皇帝又任海蘭察、奎林為參贊大臣隨福康安出征。福康安每次出征，乾隆都精心為他挑選將領，選派勁旅，使其必勝。甚至連兵部、戶部在平衡每個戰場的戰爭撥款時，也都是先緊著福康安需要，這些都為福康安打勝仗做了鋪墊。

第三，福康安的兩個哥哥都被乾隆皇帝招為額駙，但是如此得寵的福康安卻沒有娶公主為妻。乾隆的九格格與福康安只相差四歲，年歲相當。但是

乾隆吉服寫字像

乾隆卻沒有把九格格指給福康安，甚至連一個宗氏女都沒有許給福康安，這也讓人十分生疑。

第四，傅恆死後，乾隆在他的葬禮上許諾：「汝子吾兒定教養」，這句話也讓人懷疑。

其實，福康安是不是乾隆之子已無從考證，但是史學家們認為，福康安並非乾隆之子。乾隆對他的寵愛，也只是因為乾隆在福康安身上看到了自己和孝賢純皇后早夭的皇二子永璉、皇七子永琮的身影，福康安又是乾隆一手教養長大，還是孝賢純皇后的內姪子，自是十分寵愛。長大後的福康安也沒有讓乾隆失望，驍勇善戰，立下了許多功勞。

慈禧為何怕壁虎

　　中國五千年的歷史當中，一直以來都是男人主宰天下，男人就是歷史的掌舵人，而女人只是男人權力之下的陪襯。但是，中國歷史也有幾位巾幗不讓鬚眉的女人，例如武則天和慈禧。武則天奪了李氏家族的天下，建立大周王朝，雖然時間短暫，但卻改變了整個大唐的命數。慈禧是晚清中國最具權威的人，她雖不是皇帝，卻勝似皇帝，甚至比皇帝更有權力。

　　慈禧是咸豐皇帝的妃子，咸豐皇帝駕崩以後，慈禧的兒子6歲的載淳繼位，即同治皇帝。慈安皇后與慈禧並稱為東西太后，兩宮太后共同臨朝稱制。

　　慈安死後，慈禧徹底掌控了大清王朝。但是慈禧這個萬人之上的女人，卻十分懼怕壁虎這種小小的動物。

　　說慈禧懼怕壁虎，主要是由慈禧生前為自己打造的陵寢內的丹陛石上得出的。清朝祖制，皇帝后妃的丹陛石上有一幅「龍鳳戲珠」的石雕圖案。圖案中龍在上，鳳在下，象徵皇帝為天，皇后為地，陰陽結合。

　　然而，慈禧卻冒天下之大不韙地將鳳高高展翅在上為主體，而龍在鳳之下的附屬位置。最為奇怪的是，這塊按照慈禧自己的意思打造的丹陛石的右下角還缺了一小塊。原來是工匠在打造的時候按照習俗在丹陛石下方龍爪一側鑿了一隻惟妙惟肖的小壁虎，慈禧見了就命人把這隻壁虎給撬走。

那麼，慈禧為何又會怕一隻小小的壁虎呢？

清朝宮廷內歷來沿襲著一個「祖傳祕方」。那時候皇宮的太監會飼養很多壁虎，餵以朱砂，三年時間就可以長到七八斤重。把這種長成的壁虎殺死，風乾之後，就可以磨成一種鮮紅色的細粉。把細粉點在女子們眉間，作為辨別貞潔、專情與否的標簽和標誌。皇宮裡面的皇后、妃嬪如果有亂宮的男女之事，紅點自然消失。這就相當於古代人們所說的「守宮砂」，壁虎也因此被稱為「守宮」。

慈禧本是咸豐帝的妃子，咸豐帝死時她才28歲，那是女人生理慾望比較旺盛的年齡。難耐宮廷寂寞的慈禧曾與太監們走得很近，後又與榮祿、恭親王，甚至英國畫師等許多男人有染。到後來，慈禧越發地不可收拾，貼身太監李連英還在宮外給慈禧物色男寵，甚至有一個琉璃商人還在宮裡住了一個月之久。

清文廷式《聞塵偶記》記載，慈禧因為與這位琉璃商人有染，還因此懷孕，慈安太后得知以後急召禮部大臣，商量要廢掉慈禧。廢后之事被慈禧得知後，就在當晚下毒毒死了慈安皇太后。但是史學家們認為這種說法並不可靠。

因為壁虎特殊的功能（製作守宮紗），所以天不怕地不怕的慈禧太后，也會懼怕一隻小小的壁虎，真是應了那句俗話「偷人的心驚」。

古代名醫為何皆不願入宮

凡事都有兩面性，利弊兼有。當一個事情的弊大於利時，世人就會選擇將其捨棄。古代宮廷太醫在民間名醫看來，絕對是應當捨棄，不當為妙的。「太醫難當」，其中的甘苦，非當事人不可盡知。

按理說，身為宮廷太醫，為「至尊」診治疾病，拿國家俸祿，收入穩定，不說吃穿不愁，而且還有榮華富貴享受，這豈不是人生一大快事？然而，太醫職業的這區區小利，與其背後的隱患和風險比起來，實在是微不足道。

先說這古代民間醫生進階為太醫的道路可謂是由賄金鋪設而成的，即便最後順利成為太醫，僥倖得寵，也未必能夠平步青雲，因為恩賜所入還不夠應付一路太監和官員的賄賂支出。

更何況，歷來皇帝后妃，大都養尊處優，飲食上多肉多脂，且運動少，像這樣的生活方式自然不利於身體健康，很容易患上不治之症，當醫治無效時，便責怪太醫無能。再者皇室宮廷，勾心鬥角，爾虞我詐，風雲莫測，有時太醫就是首當其衝，難以逃脫。一藥誤投，生死所繫，出了事故，很可能項上人頭不保，更別指望官運亨通。

如，康熙四十五年（1706年）十一月二十四日，太醫院院使孫之鼎等承旨治療正黃旗內大臣頗爾盆痔漏復發症，康熙對他們的治療情況非常不滿，便大發雷霆，寫下了：「庸醫誤人，往往

如此。」這種話。

　　也有那些因寥寥的一定機遇，深得寵幸，榮受天眷的太醫，可其處境也非盡如人意，為慈禧太后治過病的薛福辰就是其中一例。慈禧患病後，薛福辰被召入皇宮。經過一段時間的精心治療後，慈禧的病痊愈了，還親自撰寫「職業修明」四字匾額，賞賜薛福辰。醫功告成，薛福辰本以為可以抱地榮譽返鄉，但是慈禧卻不准他即時出京，日後還需他「請太平脈」。

　　然而，正在這時薛福辰家鄉疾疫爆發，家人和親人都被感染，尤其女兒病情相當嚴重，可他卻不能回鄉挽救女兒，極為痛苦。對此，薛福辰曾悲嘆：「撫兄（薛福辰）以回天妙手，而眷屬皆不免於病，所謂木匠缺床，足不能自理者，非耶。」

　　古人云：「伴君如伴虎」，權衡以上利弊得失後，我們終於理解古代名醫為何把應召入宮視為險途而不願入宮了。

解密篇

歷史總有些怪圈

諸葛亮為何成為民間偶像

　　《三國演義》中有這樣一幕讓我至今仍然記憶猶新：周瑜臨死之前，長嘯問天：「既生瑜，何生亮？」直到今天，諸葛亮還被很多人視為智慧的象徵。早在還沒有出山之前，諸葛亮的朋友徐庶就這樣評價過他：「此人每嘗自比管仲、樂毅，以吾觀之，管、樂殆不及此人。此人有經天緯地之才，蓋天下第一人也。」

　　也許是因為諸葛亮是自己的朋友，徐庶才覺得他的智慧無人能及，個中評價難免有些誇張，但諸葛亮的才華的確是泱泱歷史中出類拔萃的。諸葛亮在世時，人格、智慧就曾感動過許多人，所以在他死後，很多人深感惋惜和心痛。

　　廖立就是其中之一，他曾被諸葛亮貶為庶民，但他聽到諸葛亮的死訊卻哭著感嘆道：「吾終為左衽矣！」還有同樣被諸葛亮懲罰過的李嚴，在聽到諸葛亮死訊後甚至鬱鬱而終。

　　所以後人有這樣的說法：「諸葛亮之死使廖立垂泣，李嚴致死，豈徒無怨言而已哉？」那麼，到底是什麼過人之處使得諸葛亮受這麼多人都崇拜呢？

　　首先，他忠君愛國、信仰儒學。因為他生長在儒家思想熏陶的環境當中，正統觀念比較濃厚，有經國立世之志向，所以忠心報國，一生志在復興漢室。

　　因此，當劉備三顧茅廬請他出山之後，他既在其位，自然謀其政，篤定一心協助劉備成就了一番事業。

不僅如此，在劉備死後，他仍然對自己的君王忠心不二，具體的表現就是輔佐後主。諸葛亮不僅對自己這樣要求，對身邊的人也是如此，在他眼中，不忠不孝的人是絕對不可以原諒的。

其次，在效忠自己的國家和君王的時候，他做到了竭盡「股肱之力」。諸葛亮把畢生精力都放在復興漢室的大業上，加上他一心效主的性格，凡事定會盡全力。比如在他留守成都期間，發展生產，訓練軍隊，使劉備擁有良好的後勤供應和兵員補充，所以劉備才能放心地把劉禪托付給他。

諸葛亮自然也沒有讓劉備失望，依然像效忠劉備一樣，兢兢業業地輔助劉禪，甚至更加用心。

人們談及諸葛亮，總會不約而同地想到一句話，那就是「鞠躬盡瘁，死而後已。」

的確，諸葛亮把畢生精力都放在北伐中原和漢室的統一上，正如他自己所說：「臣受命之，寢不安席，食不甘味，思惟北伐。」最終病逝於北伐軍營中，他的願望雖然未能完全達成，但他的人格、精神卻深深地影響了以後世世代代的人。相比較他的軍事才能，人們也許更敬佩的是他的忠心不二，矢志不渝，所以千百年來一直將他視為偶像，甚至將他神化，用以供奉。

曹操為何要建72座陵寢

在京劇中，代表忠義、血性的是紅臉，代表粗狂、嚴肅的是黑臉，代表剛毅、果決的則是藍臉，而白臉就是陰險和狡詐的象徵。曹操恰恰就是京劇中的以白臉出現的人。

自古以來，曹操足智多謀、陰險狡猾的形象就深入人心，他性格狡詐多疑，不僅表現在平時的行事風格上，連臨死前為自己造墳墓都要用盡心機，建了數十個。

之所以建立多個陵寢，據說是因為在曹操還沒有攝政的時候，曾經參加過盜墓團夥，親眼目睹過很多墓葬在被盜墓者洗劫一空後，墓中屍體被棄之荒野的悲慘結局。

這些令曹操心中留下了深刻的印象，所以日後他大力主張節儉，是中國歷史上第一個提出「薄葬」要求的人，跟其他君王的厚葬之風形成鮮明對比。世人不知的是，曹操提出「薄葬」是另有目的的，所謂樹大招風，越是簡陋的墓地，越不容易被人挖盜，也就避免了死後被掘墳的下場。

另外，曹操也很怕曾經錯殺的人的親屬朋友，在他死後對他的墳墓進行報復。加上他對當年墓葬被盜後的場面的深刻印象，使得他更要在墓葬上做足文章，防止別人找到他的墳墓。

這一點上也更能看出曹操的狡詐本性，他的一生像盤棋，每一步都是在為下一步鋪路。一生主張節儉，直至死後的薄葬，這不但對國家有積極的影響，對於他自己來說，更是起了一種很好

的保護作用。

　　據民間流傳，曹操死後安葬那天，東南西北各個城門，同時有72具棺木抬出，向城外各個方向一同運送。72具棺木，72座陵寢，到底哪一座才是曹操真正的墳冢？這個問題千百年來有很多的答案，但又被逐一否定。

　　從古至今，不計其數的盜墓者都試圖找到曹操真正的陵寢，也許是為了證明自己的能力，也許是為了證明曹操的墓中是不是像生前一樣節儉，但不管目的是什麼，從沒有人得手。

　　曹操之墓到底是何去向？千百年來，面對這個問題，有人感嘆曹操一世的多疑，有人敬佩曹操一生的節儉，但卻沒人能夠得出答案，這個歷史給我們留下的謎題，還需要後人去慢慢探索、解答。

秦始皇建造兵馬俑的真實目的是什麼

公元前259年，秦始皇出生在趙國邯鄲，這是中國歷史上第一個統一全國的君王。他的一生充滿傳奇色彩：13歲繼承王位，22歲親政，39歲一統天下。他的王朝雖然只存了十幾年，但他的一生頗受後人爭議，可謂是毀譽參半。雖然沒能完成秦萬世的夢想，但是他的行為對後世的影響卻長達幾千年。

有人崇拜他統一了中國，也有人唾罵他實施暴政，他是西方人眼中中國的拿破崙。這樣一個舉世矚目的皇帝，不僅身世、生平讓人倍感興趣，就連死後所葬之地，也讓人爭相研究。

據史書記載，秦始皇的陵墓位於距西安市30多公里處的臨潼縣城以東的驪山腳下。嬴政從即位開始就為自己修建陵園，墓地規劃設計由當時的丞相李斯負責，監工由大將章邯擔當，整個陵園修建耗費38年，直至始皇病逝才不得不收工了事。

據說，秦朝當時總人口約為2000萬，單是修建陵園這一工程就動用了勞役70餘萬。修陵所用的土，都是從陵園以南三劉村採石場運回來的，這處距離陵園有2000多米的距離，而修陵園所用的石料大部分是取自渭河北部的仲山、峻峨山。在當時科學技術不發達的前提下，這一切都要靠人力完成，工程的艱難可想而知，也正是這一舉動，開創了歷代封建統治者奢侈厚葬的先河。

另外說到兵馬俑坑，是秦始皇陵的陪葬坑，位於陵園東側大約1500米的地方。當地曾經有農民在掘墓時發現過有像人一樣的

石頭。直到1974年3月，陵東西楊村的村民在抗旱打井時，發現規模宏大的兵馬俑坑，考古工作者聞訊前來，經發掘才使得這些2000多年前的寶藏重見天日。可問題也隨之而來，秦始皇為什麼要在陵園外部修建規模如此宏大的兵馬俑坑呢？

一種說法是，秦始皇統一六國後，想讓自己的王朝千秋萬載，所以開始廣求長生不老之方。但隨著時間的推移，他也逐漸地清醒——人都不可能長生不老，更不要說一個王朝。可是他又捨不得自己的奢靡生活，所以決定將這無上的權力帶到陰間去，想在陰曹地府也成為一個無人能及的皇帝。

另外一種說法是，當時流行殉葬，等級越高的人殉葬的物品自然也越高貴，所以貴族常常以活人殉葬，作為一統天下的帝王，秦始皇的陪葬要犧牲多少人是可想而知的。丞相李斯心地善良，不想這麼多無辜的生命受到牽連，就提出了製造人俑陪葬的想法，這樣既可以顯示皇帝的恢弘排場，又順了嬴政在陰間稱霸的心思。始皇覺得這個主意可行，於是便採納了。

其實關於兵馬俑的猜測舉不勝舉，因為始皇陵墓本身就是一個巨大的謎團，幾千年的時光更是使事件真相變得撲朔迷離，究竟什麼才是建造兵馬俑坑的真正目的？也許後人會有更多更貼切的答案。

秦始皇兵馬俑

為始皇平反：秦始皇焚書時留有完整備份

　　說到始皇焚書坑儒，有多少人拍案撫心表示心痛？又有多少人破口大罵？因為始皇的這一舉動使得很多珍貴的書籍付之一炬，使後人不能研究、見識。可事實上，始皇焚書其實是留有備份的。

　　秦始皇統一六國，合天下思想為一家，為了自己的王朝的長遠考慮，必須要統一學說、思想，這樣國家才能得到長久統一的發展。丞相李斯曾經上書提議始皇帝要統一學說，這樣才能有利於國家的發展，否則大家心裡想的都不一樣，如果經常聚到一起討論，久而久之，就可能產生影響國家發展的論調。秦始皇同意李斯的看法，並批准了焚書的做法。始皇能統一六國，思考問題自然會統觀全局。

　　那時候的書不比現代，十幾萬字鍵盤上敲敲打打也許個把月就可以完成。古時候如果想要長久保存的書籍一般都是在簡牘上用刀一筆一筆地刻成，那些見解獨到的鴻篇巨製更是耗時數年數十年，所以在焚書的種類上，始皇就作出規定，只燒以下兩個種類的書籍：第一類是作者不是秦國人的史記書籍，第二類是詩書和百家語。這樣一來就有很多書籍得以幸免。這也就證明，始皇帝並沒有全數焚毀百家書，有些書是沒有被列入焚書範圍的。

其次，說到焚書，根本的目的是什麼？並不是要讓這本書徹底的從世界上消失，而是要告訴百姓，有些書是不能看、不能藏的，有了這些書就要焚毀。其實秦始皇自己明白，這些書只是不能讓百姓們看，宮中還是可以留有備份的，有些言辭雖然不利於秦國內部的和平統一，但依然是值得借鑒和學習的。所以，焚書只是一種震懾百姓的手段，讓大家主動交出手裡該燒掉的書，這樣一來，不良言論的來源沒有了，人們自然就不討論了，這樣國家才能長治久安。

這樣說來，秦朝的焚書其實只是一個假象，因為絕大部分的書籍都被保存了下來，就算不是原本也有備份，只要秦國存在，這些書就會一直流傳。這樣說可能有人又會問，如果是這樣，那為什麼很多珍貴的古籍現在都不存在了呢？

其實，大家忽略了一個人，那就是項羽。項羽攻入咸陽之後，不僅燒殺掠奪，最後還火燒秦宮室，傳說大火連燒三個月，這才使得宮中很多珍藏的書籍都付之一炬。

另外一個原因是，漢代以後對古籍的保存不是很完善，據統計，漢代約有接近80%的書籍現在已經不復存在。

所以真相得以大白：秦始皇焚書不是像很多人想的那樣，一把火燒盡了所有珍貴典籍。從這一點上來看，始皇的確是一個足智多謀，有遠見的君主。

為什麼說項羽根本不能過江東

提起南宋詞人李清照，很多人都能說出其一兩句詞，她的一首《烏江》更是道盡了項羽的英雄氣概：「生當做人傑，死亦為鬼雄。至今思項羽，不肯過江東。」

作為中國歷史上的一代霸王，關於項羽的傳說數不勝數，烏江畔自刎可以說是其中最為悲壯的一幕。傳說此人生性暴戾，堅韌過人，如果當時渡了烏江，是絕對可以重整旗鼓、捲土重來的，可是為什麼稱霸一世的他會做出在烏江畔自刎這個令無數後人惋惜、哀嘆的選擇呢？

關於項羽烏江自刎的原因，民間有幾種不同的說法。

最早的一種說法是，項羽是因為無顏面對江東父老才在烏江自刎。《史記》這樣寫道，項羽在楚漢戰爭敗給劉邦後，帶領八百人馬殺出重重包圍，一路直至烏江畔，烏江亭長勸項羽趕快趁這時渡江，日後好東山再起、一雪前恥。但項羽卻笑而答之：「天之亡我，我何渡為！且籍與江東子弟八千人渡江而西，今無一人還，縱江東父兄憐而王我，我何面目見之！縱彼不言，籍獨不愧於心乎！」於是拔劍自刎，死於烏江江畔。

項羽這段話的意思就是說：既然上天要我死，我就沒有渡江的必要，本來是要跟這八百名兄弟一起渡江西上，但現在大家都陣亡了，就算所有江東的父老都可憐我，還依然把我當作他們的君王，我自己又有什麼臉面見他們呢？於是拔劍自刎。

這段記載是司馬遷為後人提供的，因為跟項羽死亡的年代比較接近，再加上描寫真實生動，所以後世流傳最為廣泛的說法，就是項羽是因為無顏面對江東父老而自殺的。

還有的人說，項羽是不想再讓百姓因戰亂而受到牽連才會自殺。富有戲劇性的是，這一種說法出自於《史記》，書中記載劉邦和項羽在楚漢戰爭中難分高下的時候，項羽對劉邦說：「天下匈奴長歲者，徒以吾兩人耳，願與漢王挑戰決雌雄，毋徒苦天下之民父子為也。」

這句話大致的意思是，想把這場戰爭變成兩個人的決鬥以解脫天下的百姓。這種憐憫萬千百姓的情懷使得他在突出重圍來到烏江時，想到了自己的子民還要因為這次戰爭再次陷入水深火熱當中，實在是不忍心，最終選擇犧牲自己以換得天下太平。

但是這種說法有太多的個人情感，跟史書中記載的項羽的性格不盡相符。項羽曾經坑殺20萬秦兵，阿房宮中燒殺掠奪，最後火燒三個月，暴虐至極，所以不大可能為了免除百姓疾苦而自殺身亡。而決定跟劉邦單打獨鬥、一決勝負，很可能是他的計謀，因為以項羽的個人能力，打敗劉邦可以說是易如反掌，但劉邦並沒有上當。

所以項羽失敗逃至烏江的時候，萬念俱灰、狼狽不堪可想而知，所以心中不免感慨萬千。這樣的背景下重新喚起他可憐天下蒼生，願意以一己之死來結束戰爭的念頭也有可能，但也只是項羽走投無路又放不下臉面時的一種自我安慰，而不是項羽自殺的主要原因。

其實無論是無顏面對江東父老，或是不忍天下百姓遭受戰亂之苦，都不符合項羽一世霸王的性格。他既然已經殺出重圍一路向西，就是為了渡過烏江捲土重來，待到打敗劉邦衣錦還鄉的時

刻怎會無顏面對江東父老？如果他是一個可憐蒼生的君主，那又如何解釋攻佔秦宮後近乎屠殺的行為？

於是，產生了第三種說法。那就是項羽並不是詞中所說的「不肯過江東」，而是他根本沒有過江的機會。著名學者馮其庸在《項羽不死於烏江考》中，對《史記》、《漢書》、《楚漢春秋》中關於項羽之死的描述進行了詳細的論證，指出《史記》中除了《項羽本紀》裡有「於是項王乃欲東渡烏江，烏江亭長檥船待」兩處涉及烏江外，其餘全部文字無一提到項羽烏江自刎這一事件。反而倒明確提到：項羽「身死東城」，「使騎將灌嬰追殺項羽東城」等。

如今，支持這種觀點的人越來越多，計正山先生通過對《史記》、《漢書》中的「灌嬰傳」的分析，更確認項羽在距烏江有120公里的定遠東城被「搏殺而死」，所以說他根本沒有渡江的機會，更不是自刎而死。

項羽自殺的真相雖然令後人對這樣一位大英雄少了一些哀嘆，但其稱霸一世的英雄氣概，仍然會被後人所傳頌。

陳勝吳廣、項羽劉邦起義的真實原因

　　秦朝末年農民戰爭四起，陳勝、吳廣起義是當中較為著名的，還有的就是著名的項羽、劉邦起義。漢高祖劉邦，生於公元前256年，在陳勝、吳廣起義中表現積極，自稱「沛公」。項羽同舅舅項梁，在陳勝吳廣起義的第二年，率8000名士兵渡江北上，項梁在定陶之戰中陣亡，項羽統一起義軍。公元前206年，項羽自封西楚霸王。此時劉邦已經入關，後又攻下了咸陽，這件事成了二人爭執的導火線，楚漢之爭歷經四年之久，最終於公元前202年劉邦打敗項羽，項羽自刎而死告終。

　　總的說來，二人之間的戰爭是源於陳勝、吳廣起義，那麼，陳吳、起義的真正原因是什麼？或者是說秦朝末年為什麼會爆發大規模的農民起義？總結起來大概有以下幾條原因：

　　首先，徭役繁重，賦稅沈重激起了農民的不滿。當朝規定：成年男子每年都要服徭役一個月，一生要在本郡服兵役一年，戍守邊疆一年。這樣繁重的徭役的後果可想而知──老百姓中有強烈的不滿。

　　其次，是因為刑法嚴酷，官吏執法殘暴。秦始皇征服六國，必然有很多手段，過人的軍事謀略是根本的原因，而殘暴的征戰也有不可忽略的作用。秦朝的嚴刑酷法沿襲了始皇地殘暴。商鞅變法時就較為注重以法治國，而後韓非將法家理論更為系統化和理論化地歸類，後經李斯的大力實施，秦朝便有了一套比較完善

的法律體系。秦始皇希望能通過刑法來鞏固加強對人民的統治，維護其中央集權。當時較為殘酷的刑法有「族誅」「連坐」，死刑就有「腰斬、車裂、活埋」等，最後連始作俑者——李斯自己也難能幸免，被腰斬身亡。嚴酷的刑法使大量農民「亡逃山林，轉為盜賊」。

另外，土地的兼併問題的影響也是不可忽略的。因為大量的農民失去土地，激化了農民階級和統治階級的矛盾，使得大規模的農民戰爭迫在眉睫。在這種上到朝廷、下到百姓都極度恐慌的背景下，秦始皇並沒有危機意識，甚至還對山東六國故地施行苛刻統治，徵發民眾到邊疆地區和首都咸陽進行各種大型基建工作，並以死刑懲罰誤期者，民眾更加產生不滿情緒。

秦始皇死後，秦二世繼位，繼續聯合趙高誅殺多位朝中大臣，更是引起朝中官員的恐慌。終於，民眾的不滿和恐懼到達了極點，最終決定奮起反抗，爆發了大規模起義，甚至傾覆了秦帝國。

董卓為什麼曝曬漢武帝的屍體

建元二年，漢武帝劉徹開始大張旗鼓地興建自己的陵墓，到公元前87年，其逝世後葬於此，前後修建茂陵用了五十三年，其陵寢比秦始皇陵有過之而無不及。好大喜功的漢武帝有感於自己的豐功偉業，要求自己的陵墓像自己的名字一樣永遠被後人牢記。所以，起初他每年拿出國家總收入的三分之一修建茂陵，到後來乾脆增加到二分之一。

茂陵規模浩大、建築宏偉，墓內殉葬異常豪華豐厚，史稱「金錢財物、鳥獸魚鱉、牛馬虎豹生禽，凡百九十物，盡瘞藏之。」當時在陵園內甚至建有祭祀的便殿、寢殿，以及宮女、守陵人居住的房屋，設有五千人在此管理陵園，負責澆樹、灑掃等差事。並在茂陵東南營建了茂陵縣城，許多文武大臣、名門豪富遷居於此，人口高達二十七萬七千多人。

茂陵封土為覆斗形，現在依然存殘高46.5米，墓冢底部基邊邊長240米，陵園為方形，邊長約420米，陵周有李夫人、衛青、霍去病、霍光、金日磾等人的墓葬陪葬。茂陵是漢代帝王陵墓中規模最大、修建時間最長、陪葬品最豐富的一座，各方面之最的茂陵被稱為「中國的金字塔」。

可惜漢武帝一生雄才大略，生前風光，死後很不堪。他下葬的第四年，長安市面上就有人倒賣從他墳墓中偷盜出來的經書，各路起義軍為了換得軍餉，更是屢次掘漢武帝的陵墓，幾萬人搬

了整整一個月，也沒搬走墓中寶藏的一半。

到了東漢末年，歷史上著名的大惡霸董卓登場了，他不僅再次掘開了茂陵，還堂而皇之地把漢武帝的屍體扔到太陽下面曝曬了幾天，然後又放回了棺材裡。這究竟是怎麼一回事呢？

原來，董卓有個孫女，叫做董白，生得花容月貌，而且性格乖巧，深得董卓喜愛，被視為掌上明珠。董白十歲時被董卓封為渭陽君，舉行了盛大的儀式。其間，董卓命令兵士搭起了寬六米多、高二米的高壇，董白坐著奢華的軒金華青蓋車，由大批官員簇擁，登壇受封，好不隆重。但可惜董白天生失語，董卓曾為此廣招天下名醫為之醫治，但未曾見效。

後來，董卓聽手下大臣說，漢武帝一生敬神尋仙，熬煉仙藥，董卓猜想他的陵中也許會有專治啞巴的靈丹妙藥。當時正值東漢末年，大將軍何進為了鏟除與他有矛盾的十常侍，邀請董卓進京援手。董卓正好下令大將呂布盜掘西漢諸皇陵，這其中也包括陪葬品數目驚人的茂陵。可是，董卓又為何要曝曬漢武帝屍體呢？

呂布在帶領大士兵進入茂陵搬運大量珍寶的同時，也在細心地尋找靈丹妙藥。但是，搜遍了整個陵墓，最後把漢武帝的棺木都翻了個遍，唯一找到的是一卷絹紙能與藥方有點聯繫，上面用隸書工工整整的寫著十二個大字：「千里草，何青青，十日卜，不得生。」

呂布只是一介武夫，自然難以理解其中的深意，但憑感覺認為這就是董卓要找的，於是，他滿心歡喜地宣佈班師回朝。回來後，將絹紙交於董卓。董卓看了一陣也揣摩不出其中的含義，於是轉身問朝下大臣。然而滿朝文武只面面相覷，卻無一人應答。董卓生氣地罵道：「連這十二個字的意思都不能理解，我養你們

這幫大臣何用！」這樣一來，更沒有人敢說話了。董卓便更加生氣，索性走下殿來直接逼視站在最前面的大臣。

這個大臣一看大事不妙，撲通一聲跪下，慌忙地解釋：「大王，臣並不是不知道，實不敢說。」

董卓說：「你說，我不怪你。」

大臣顫顫巍巍地答道：「這句話是詛咒您的。」

董卓不解地問：「如何見得？」大臣道：「您看，這千里草，合起來是一個『董』字，十日卜合起來，是一個『卓』字，這句話是詛咒您不得生啊！」

董卓聽完，簡直是七竅生煙，他伸手將那一卷絹紙拿來，想把它撕成碎片，但不曾想這紙非常結實，怎麼撕也撕不碎。盛怒之下，他便命令手下將漢武帝的屍體扔在墓外曝曬。

朝中大臣對此無不黯然，於是公推蔡邕前去勸解。董卓這才平息了一些怒氣，派人將屍體放回，草草地處理了。

隋煬帝的「迷樓」之中蘊藏的奧祕

我國歷史上的一個昏暴之君楊廣，原為晉王，開朝二十年使用奸計取代楊勇，成為太子。仁壽四年，又殺父親隋文帝楊堅，後登上皇位。他為了追求個人享樂，在洛陽建造金輝玉映的「顯仁宮」與「西苑」。「西苑」內的奇花異草，珍惜鳥獸一應俱全，並且大多是從江南蒐集而來的。為了暢遊江南，隋煬帝甚至還下令開鑿一條貫通南北的大運河，這條河加速了南北經濟的交流，只是當時更多是用於戰爭後勤運輸。運河一通，隋煬帝就同皇后，率領王公百官、三千美女和僧尼道士，乘著奢華的龍舟，先後三次去揚州遊玩。

然而，這些並不能滿足煬帝驕奢淫逸的慾望，他認為西苑和顯仁宮雖然壯麗寬敞，足示尊榮，但沒有一處是曲徑通幽，讓他沒有尋歡作樂的滿足感。

所以，一日他對近侍說：「如今若有良工，能為朕造一所精巧的宮室，朕生平願足，決計從此終老，再也不願他求了。」立刻就有一個近侍高昌奏道：「臣有一友，係浙江人氏，姓項名升，能造精巧屋宇，聖上何不召他一問，定能翻新立異，別出心裁，曲中聖意，足遂所願。」煬帝特別高興地說：「既有此人，快些與朕召來！」煬帝當即召見項升並命其繪圖。

項升費盡心思，用了數天的腦力，才將圖樣繪就，呈遞給煬帝。煬帝展開細瞧，見上面畫了一座大樓，有無數的房間和門

戶，左彎右曲，離離奇奇，令自己眼目昏花，分不仔細，要項升在一旁指示，才能有些眉目。費了半天時間，隋煬帝才高興地說道：「圖中有這般曲折，造成之後，定能精巧玲瓏，深中朕意！」當下即命高昌賞給項升彩帛，並命人即日興工。

煬帝連下詔兩道，一是飭四方運輸材木，一是催各郡納錢糧。一時朝野上下風風火火。他還命舍人封德彝監督催辦，如有遲延違旨，即須指名參劾，當即處罰。這樣的嚴重逼迫下，所有的人都慎言慎行。項升召集工匠，在西苑的東側挑了一塊靜地，按照圖樣趕緊動工，日夜構造，不到一年時間，這座宮殿就建成了。煬帝立刻前往遊覽，只見該樓幽房密室，百轉千回，難辨東西，人在其間有目眩神迷的感覺，正是自己所要之建築，便大為讚賞：「此樓曲折迷離，不但世人到此，沈冥不知，就使神仙遊其中，亦當自迷」。於是，把這座樓命名為「迷樓」。

煬帝到了樓中便不想再離開，於是選後宮和良家少女數千人，命其居住在此宮中。從此迷樓裡面紅粉成行、鶯燕列隊，都分佔了一室，盼望君王駕臨。不過，對於這「迷樓」究竟是否真的在揚州西苑附近，有很多人心存疑問。

晚唐時，有篇《迷樓記》中聲色形象地描述了「迷樓」當年的壯觀景象及它的興衰史，但文中只字未提揚州。據《迷樓記》文意看，隋煬帝的「迷樓」應該再長安，後被唐太宗焚毀，「唐帝提兵，號令入京，見迷樓，太宗曰：『此皆民膏血所為』，命焚之。」

所以，一些學者據此認為隋煬帝的「迷樓」在長安而不是揚州。然而，古代留下的若干詩文又都足以佐證隋煬帝的迷樓建於揚州。這究竟怎麼回事呢？至今為止，迷樓所在之地仍是個謎。

瓦崗軍為什麼沒有滅掉隋朝

　　瓦崗軍是隋末農民起義軍隊中戰鬥力最強的隊伍，曾經重創隋朝，但最終還是未能奪取政權，軍隊潰散，降於唐朝。

　　大業七年，東郡韋城縣人翟讓因犯罪而被定罪坐牢，獄吏黃君漢偷偷放了他。翟讓逃往瓦崗聚眾起義。同郡的單雄信、徐世績也都相繼加入，勢力加強。他們在永濟渠沿岸劫持搶奪來往船隻，以致「資用豐給，附者益眾」，起義隊伍逐漸壯大起來。

　　大業十二年，貴族出身的李密在參加楊玄感起兵失利後，決定投奔瓦崗軍。因為他較有政治眼光，所以建議翟讓積極發展勢力、擴大影響。翟讓比較認同李密的建議，首先攻取了滎陽這塊中原的戰略要地，因為滎陽向東是一片平原，向西是虎牢關。虎牢關以西的鞏縣有隋軍的大糧倉洛口倉。取得洛口倉不但可以得到大量的糧食，並且能更加逼近東都洛陽。奪取滎陽是瓦崗軍發展勢力的重要一步。

　　面臨強大的瓦崗軍，滎陽太守楊慶無計可施，隋煬帝特別加派「號為名將」「威振東夏」的張須陀為滎陽通守，以鎮壓瓦崗軍。李密認為張須陀有勇但無謀，於是建議翟讓與張須陀正面對戰，佯裝敗北逃走。李密率精兵埋伏在滎陽以北的大海寺附近，張須陀緊跟翟讓十餘里，到大海寺以北的樹林裡時，李密伏兵四起，隋軍陷入重重包圍。張須陀本來掉以輕心，現在又遇上突如其來的強兵，更讓他措手不及，戰敗被殺。此役一敗，隋軍「畫

夜號哭，數日不止。」可見，這次瓦崗軍的勝利對隋煬帝政權的打擊是毀滅性的。

大業十三年二月，瓦崗軍攻取洛口倉，並開倉濟貧，大部分貧苦農民參加起義軍。隋朝的越王侗在洛陽派遣劉長恭率軍2.5萬人前去鎮壓瓦崗寨。翟讓、李密預先偵查得知隋軍的動向，作了周密的戰略部署。劉長恭對瓦崗軍的情況卻是一無所知，看到瓦崗軍面上人數不多，於是麻痺大意起來。瓦崗軍乘隋軍初來乍到，餓飢疲憊的時候大舉進攻，致使隋軍大敗，死者十之五六。劉長恭倉皇逃回東都。

同年四月，瓦崗軍直逼東都城郊，攻破回洛倉（在今河南洛陽東北），致使東都糧食呈現匱乏的局面，陷入了困境。九月，黎陽倉又被攻破，瓦崗軍開倉濟貧，起義軍數量又增加了二十多萬。這時，瓦崗軍有數十萬之眾，控制了中原廣大地區，達到了鼎盛時期。瓦崗軍還公開宣佈了隋煬帝的十大罪狀，明確表示要推翻隋煬帝的統治。

由於李密在數次戰鬥中都發揮了較大的作用，所以他的威望也就越來越高，於是翟讓主動把領導權讓給了李密。但日後他的哥哥翟弘和王儒信等人又勸翟讓奪回領導權。這樣一來，瓦崗寨的內部矛盾便出現了，導致最後李密不得不殺了翟讓。

武德元年六月，宇文化及率江都隋軍北上，瓦崗軍在此次戰爭中雖然取得勝利，但同時損失慘重。九月，東都隋軍又趁機追加，發動進攻，使得瓦崗軍全面失敗，李密在走投無路之下，於十月奔赴長安，向李唐投降。瓦崗軍雖然失敗了，但由於它是當時最強大的一支農民軍隊伍，在中原消滅了大量的隋軍，割斷了江都與洛陽的聯繫，迫使隋煬帝陷入江都孤島，不能控制全國，間接促成隋朝的滅亡。

歐陽修為何誣陷名將狄青

北宋仁宗時期的著名將領狄青含冤而死，這一悲劇給北宋的政治和軍政帶來諸多負面影響。在兩宋軍事史上，狄青是屈指可數的軍事奇才之一。他身先士卒、運籌帷幄，為北宋王朝建立了卓越功勳。

在這一悲劇的醞釀及演變過程中，歐陽修扮演了十分重要的角色。眾所周知，在北宋的政壇、文壇及學術發展上，歐陽修均有重大建樹和影響。然而，就是這樣一位出色的文臣，竟以種種誣蔑之辭三次上疏宋仁宗詆毀狄青，對狄青被貶乃至其身死產生了決定性影響。一代名臣無端陷害一代名將，實在是匪夷所思。

據現有史料看，歐陽修曾三次上疏詆毀狄青，分別見於宋仁宗至和三年所上的《上仁宗乞罷狄青樞密之任》、是年七月《上仁宗論水災》第一狀及同月《上仁宗論水災》第二狀。這三次上書中，歐陽修極盡污蔑陷害之詞，言語上也多有蔑視和不敬，究竟是私人恩怨還是另有原因使他對狄青如此深惡痛絕呢？

可以說，歐陽修對狄青之貶產生了決定性作用。但是，他並沒有置狄青於死地的想法。歐陽修之所以大罵狄青，都是北宋最高統治集團內部的「恐武症」在作祟。

我們知道，宋代江山是如何而來的。因此，兩宋歷代帝王出於防止趙姓江山易手的考慮，在制度上對武將的防範無所不在。特別是從宋太宗後期開始，隨著北宋治國方略的改變、內部政治

形勢的變化，以及隨著宋遼、宋夏關係的演化，如何防範武將逐漸為所有士大夫及最高統治集團的核心價值觀念。

在這種價值觀的影響和支配下，北宋的武將不管立下什麼豐功偉績，也不能擺脫文官的蔑視和反感。

但是，宋仁宗時期，仁宗對狄青十分青睞，原因其一，宋仁宗統治期間，軍政弊端已經畢顯無遺，表現在戰場上便是武將怯戰避戰的現象屢見不鮮，而狄青卻充分表現出其出色軍事才能與戰爭智慧，為趙宋王朝立下了赫赫戰功；其二，狄青不僅功勳卓著，且對宋王朝忠心耿耿，即文彥博所說的「忠謹有素」。因此，行伍起家的狄青在短短十餘年間一躍成為樞密使，得到皇帝的寵愛。

可是，這一事實卻與文臣的核心價值觀產生了嚴重衝突，最終，狄青成為文臣眼中欲除之而後快的眼中釘。

在這種大背景下，歐陽修在其奏疏中頻頻使用鄙薄、蔑視狄青之語，也就不足為奇。

北宋這種畸形的文武關係，造成了狄青鬱鬱而終的悲劇，也造成了北宋軍事實力孱弱，使其經常處於被動挨打的局面。同時也不得不感嘆，歐陽修如此聰慧之人，仍舊擺脫不了封建專制統治的枷鎖和時代的局限，成為專制統治的工具。

蘇軾遭遇「烏台詩案」真相

北宋熙寧年間，宋神宗重用王安石，令其大張旗鼓地變法，後來變法失利，政府開始改制。就在變法到改制的轉折期間，元豐二年，蘇軾被貶謫，不料突然遭遇誣陷入獄，史稱「烏台詩案」。那麼，「烏台詩案」到底是因何而起的呢？

事情是這樣的。在奉調時，蘇軾依例向宋神宗上表致謝。本來這種謝表送到朝廷，也不會有太多人留意，偏偏蘇軾文名滿天下，文章一出，世人莫不爭相一睹為快，就連蘇軾的謝表也格外為人矚目。他在表中寫出了略帶牢騷的「知其生不逢時，難以追陪新進；查其老不生事，或可牧養小民」一句。

由於「新進」是暗指王安石引薦的新人，結果惹怒了一些尚在當政的新進們。他們指責蘇軾以「謝表」為名，發泄對新法的不滿，於是蘇軾就被扣上了誹謗朝廷的罪名。實際上，天下不滿新法的大有人在，蘇軾這一句牢騷也不是太大的罪名，但對新進者卻不然。為了置蘇軾於死地，新進們開始有預謀地整治蘇軾，御史李定、何正臣、舒亶等處心積慮地從蘇軾的其他詩文中找出個別句子，斷章取義地給蘇軾羅織罪名。這就是烏台詩案的始末。

我們知道，宋神宗趙頊少有變革之志。然而，推行新法的過程中阻礙重重，使得宋神宗有了強烈的挫敗感。他決定拿出皇帝的權威，以更為強硬的手段來推行新法，對於那些反對變法的保

守派大臣，要毫不留情地予以嚴懲。所謂殺一儆百，蘇軾剛好做了出頭的椽子，立在了風口浪尖上。

北宋中期新舊兩黨明爭暗鬥，蘇軾觀點是站在舊黨一方，與王安石為代表的新黨屬「敵對」狀態，在這樣的政治背景下，所以蘇軾遭到政治打擊也是遲早的事情。再加上蘇軾本人乃一代大文豪，豪放不羈，行文間常見譏諷與尖銳的言辭，很容易被人抓到把柄，乘機陷害。

當然，蘇軾未被判重罪，與正直人士的仗義相救緊密相關。宰相吳充上書直言：「陛下以堯舜為法，薄魏武固宜，然魏武猜忌如此，猶能容禰衡，陛下不能容一蘇軾何也？」連身患重病的曹太后也出面干預：「昔仁宗策賢良歸，喜甚，曰：『吾今又為吾子孫得太平宰相兩人』，蓋軾、轍也，而殺之可乎？」

如果沒有他們的及時相救，這樣一位集詞人、詩人、畫家、書法家於一身的藝術天才，也只能淹沒在政治鬥爭的黑暗漩渦裡，豈不哀哉。

蘇軾在御史台的死囚牢裡被關押了四個月零十二天，司馬光、蘇轍等三十人也受到株連，蘇軾的文章詩詞被大量毀掉，「比事定，重復尋理，十亡其七八矣！」

烏台詩案後，蘇軾並未因此一蹶不振。到黃州的貶謫生活，使他「諷刺的苛酷，筆鋒的尖銳，以及緊張與憤怒，全已消失，代之而出現的，則是一種光輝溫暖、親切寬和的詼諧，醇甜而成熟，透徹而深入。」「著時自有輸贏，著了並無一物」，「夜涼吹笛千山月，路暗迷人百種花。棋罷不知人換世，酒闌無耐客思家」，「天地之間，物各有主，苟非吾之所有，雖一毫而莫取。」在黃州的生活，令蘇軾文如泉湧，寫下了無數的好文章留給後世。

秦檜為何執掌權柄20年

　　秦檜乃中國歷史上十大奸臣之一，因以「莫須有」的罪名處死岳飛而遺臭萬年。但是其得勢期間，卻享盡榮耀，從1131年起開始執掌南宋朝廷的權柄，到1155年在權勢巔峰中死去，歷時二十餘年。除了中間有幾年罷相外，基本上都是位居要職，既得到皇帝趙構的寵幸，又對南宋朝廷的興亡肩負著不可推卸的責任。

　　首先為何皇帝對他如此寵信？我們先了解一下當時的政治格局。公元1130年秋天，流亡海上回到越州（浙江紹興）不久的南宋小朝廷再度進入緊張狀態。亡宋之心不死的金人在這年九月策劃並扶持一個新的傀儡政權——偽齊皇帝劉豫之後，又一次發動秋季攻勢。面對來犯之敵，南宋朝廷內無禦敵良策，外乏統一指揮。西線富平兵敗，川陝告急；東線楚州失守，守臣趙立力戰身亡，兩淮吃緊。

　　惶惶不可終日的宋高宗，於十一月間接見了自稱「殺監己者」逃離金營、冒死歸朝的前御史中丞秦檜，宋高宗大喜過望，情不自禁地大讚其「樸忠過人」，力排眾議，委以重任。

宋高宗趙構

由此，秦檜開始了執掌南宋朝廷權柄的風光歲月。

宋史在評論秦檜時說：「秦檜兩居相位者，幾十九年，劫制君父，包藏禍心，倡和誤國，忘仇滅倫。一時忠臣良將，誅鋤略盡。其頑鈍無恥者，率為檜用，爭以誣陷善類為功。他們誣陷打擊忠良，無罪可狀，不過曰謗訕，曰指斥，曰怨望，曰立黨沽名，甚則曰有無君心。」

此人在權力中心如魚得水二十載，必有過人之處。

首先，從其為官個性看，秦檜深諳專制社會的生存法則，即陰險狡詐，不急不躁。比如，在皇上要決策求和時，一再給皇帝思考的時間，並沒有急於付諸實施，而是充分尊重皇帝的想法；同時在與朝臣的辯論中，顯示出良好的心理素質，從不力辯、爭得面紅耳赤，這樣想必連皇帝也覺得此人風度涵養都到位。專制社會不是正需要這樣閹人式的官員嗎？

其次，他有著極其厲害的政治手段。如背後撥弄是非、造謠離間、出賣同他共事的大臣。言語不多，卻能一語害人。李光曾與秦檜爭論，發言稍微觸犯了秦檜，秦檜就不說話了。等李光說完，秦檜慢慢地說：「李光沒有做大臣的禮法。」趙構聽後，對李光十分生氣。所以史書上指出秦檜凡陷害忠良，一般是用這種權術。

再次，他一意孤行，排除異己，必欲置反對者於死地而後快。他還屢興大獄，株連無辜，迫害與他稍有微異的人。岳飛被害時，株連坐牢者六人；審訊岳飛的大理寺丞認為岳飛無罪的，均遭貶黜；上書為岳飛喊冤的，被捕殺於獄中。趙鼎被貶謫後，他的門生弟子、僚屬都被虛構罪名加以陷害。

當然，秦檜在鞏固權力上也有一套，就是要做強做大、鼓噪造勢，使得小人們成群結隊、爭相投靠，如孫近、韓肖胄、樓

炤、王次翁、范同、万俟卨、程克俊、李文會、楊願、李若谷、何若、段拂、汪勃、詹大方、余堯弼、巫假、章夏、宋樸、史才、魏師遜、施鉅、鄭仲熊之徒，都是閒官小官，都被提拔重用。這些人因此都視他如再生父母，對其唯唯諾諾、唯命是從。

秦檜就這樣結成了一個緊密的戰略同盟，在官場上呼風喚雨、殘害忠良、排除異己、腐蝕朝政。

相反，岳飛、韓世忠等人在戰場上廝殺了半生，卻落了個鳥盡弓藏、兔死狗烹的結果。真是君子蒙冤，小人得志，幸虧歷史自有定論。秦檜活著的時候，何等的風光無限。秦檜死後七年，岳飛被平反昭雪。後人將秦檜等四名謀害岳飛的主謀用白鐵鑄像，永跪在岳飛面前，可謂「青山有幸埋忠骨，白鐵無辜鑄佞臣。」

岳母刺「盡忠報國」是偽歷史

　　孟母三遷，岳母刺字，這些都是民間流傳下來的小故事，有很深的教育意義。不禁讓人覺得，凡是一心為國的大英雄，都必然有一位深明大義、知書達理的母親。那麼，岳飛的後背上是否刺有「盡忠報國」四個大字呢？如果有，真的是岳母親手刺上去的嗎？

　　很多史書都對岳飛背後的刺字有記載。首先來看《鄂國金佗粹編》中第九卷《遺事》中的一段文字：「先臣天性至孝，自北境紛擾，母命以從戎報國，輒不忍。屢趣之，不得已，乃留妻養母，獨從高宗皇帝渡河。河北陷，淪失盜區，音問絕隔。先臣日夕求訪，數年不獲。俄有自母所來者，謂之曰：『而母寄餘言：為我語五郎，勉事聖天子，無以老小為念也。』乃竊遣人迎之，阻於寇攘，往返者十有八，然後歸。先臣欣拜且泣，謝不孝。」

　　而在《宋史》第三百八十卷《何鑄傳》中描寫岳飛被審問的時候提到的：「飛袒而示之背，背有舊涅『盡忠報國』四大字，深入膚理。」

　　「深入膚理」這四個字說明盡忠報國四個字已在岳飛背後多年，結合上面一段古人留下的文章，岳飛的母親要求他為國家效力，其間托人轉告，勿念家中老小，並未提及刺字一事。轉而到了岳飛被審問，背上的盡忠報國就已經「深入膚理」，刺字的時間上首先出現了疑問。

其次，就刺字這件事而言，岳飛之母雖深明大義，但畢竟只是一名村婦，中國自古講的是「女子無才便是德」，不要說刻字，可能連字都不識。對於刺字這門手藝，也不是誰都可以的，這一點從《水滸傳》中就可以得到證實。

《水滸傳》第八回中說道林沖要被在臉上刺字發配充軍的時候，有這樣的文字「喚個文筆匠，刺了面頰」；第十二回說到楊志被判刑的時候也提及「喚個文墨匠人，刺了兩行金印，迭配北京大名府留守司充軍」。

可見，刺字這件事的確不是誰都會的。

那麼岳飛背上「盡忠報國」四個大字到底是誰刻上去的呢？

明朝末年，馮夢龍所撰寫的《精忠旗》一書給了我們確切的答案。書中第二折「岳侯涅背」就告訴了我們岳飛背上的字到底是誰刻上去的。後人摘錄出這樣的文字：

生說：「張憲，你拿把刀來，在我背上深深刻『盡忠報國』四字。」生「解袍露背介」，

末說：「怕老爺疼痛。」

生大怒介，說：「唉，我岳飛死且不懼，怕什麼疼痛！」

末說：「既如此，小人大膽動手了！」

作刻介，末說：「刻完了。」

生說：「與我以墨涅之。」

末應涅介，外與生穿衣，末說：「老爺固然立志報國，何苦忍此疼痛？」

生說：「張憲，如今為臣子者，都則面前媚主，背後忘君，我今刻此四字於背上呵，喚醒那忘主背君的，要他回顧。」

這裡的「生」指的就是岳飛，而「末」指的就是張憲，也就是說，岳飛背上的「盡忠報國」並不是他的母親刻上去的，而是

張憲刻的。刻這四個字的目的也不是像後人流傳的那樣，是岳母為了時刻提醒岳飛要盡忠報國，而是岳飛要給背主忘君的人敲一個警鐘。

而岳母刺字的傳說則是直到康熙五十三年《如是觀傳奇》的問世才出現的。這本書中第一次出現了岳母為岳飛刺字的情節，說岳母刺字是為了提醒岳飛要時刻記得助君主擊退胡酋。並且這是已將先前的「盡忠報國」訛傳為「精忠報國」。

此後清朝與岳飛相關的各個版本的書籍都會以此為鑒，添加岳母刺字這一橋段，場面描寫也是越來越具體越來越激昂悲壯。自此，岳母刺字的故事就這麼被大家誤傳開來。

103

成吉思汗為何萬里召見丘處機

　　王重陽於1167年創立全真教，定下的教義主張儒釋道三教合一。其弟子丘處機，生於1148年，金代山東棲霞人，字通密，號長春子，後贈號長春真人，與丹陽子馬鈺及其妻子清靜散人孫不二、長真子譚處瑞、廣寧子郝大通、玉陽子王處一、長生子劉處玄合稱「全真七子」。

　　丘處機作為王重陽第一位弟子，他因虔誠、機敏、好學而深得王重陽器重，在王病逝後更是繼承全真大業。但此後六年一直隱居磻溪穴，外出必戴蓑笠，所以世人又稱呼他為「蓑笠先生」。而後，他又趕赴寶雞龍門山隱居潛修七年，創建全真龍門派。丘處機一直主張三教平等、相通、互融，修道教應出家，斷絕一切塵緣，他認為清心寡慾是成仙之本，著有《鳴道集》、《攝生消息論》、《磻溪集》、《大丹直指》等書。

　　丘處機原本只是一名全真教的道士，即便後來接任掌門人一職，也是一名修行之人，怎麼會跟成吉思汗扯到一起呢？

　　首先是因為時局動盪，金人進駐中原之後，百姓的生活可以說是水深火熱，這個時候人們往往需要一個精神寄託來支撐。全真教就在此時應景地創建了，人民把它看作是黑暗之中的唯一光明，都很擁護。

　　「水能載舟，亦能覆舟」這個道理統治者都明白，他們需要一個能幫助他們安撫民心的人，而在這一時期，丘處機的聲望是

很高的，成吉思汗自然也就知道了丘處機這個人。

當時成吉思汗的軍事力量日益強大，他規劃著統一大業應該如何實施的時候，自然希望手下的賢能之士越多越好，這樣才能助他打天下。在得知丘處機博古通今，才能超群後，成吉思汗十分想請他出任國師，為自己安邦治國。於是先後兩次派遣使者傳召丘處機，誰知丘處機隱居山林，深入簡出，對他根本是避而不見。但成吉思汗始終不曾放棄，又於1219年第三次派遣近侍臣劉仲祿備輕騎素車、攜帶手詔請丘處機出山，心之誠不亞於當年三顧茅廬的劉備。

丘處機最終被成吉思汗的誠意所打動，於公元1220年西行拜見成吉思汗。其實對於丘處機來說，做出這個決定緣於成吉思汗的誠意是一個原因，還有另一個原因就是他試圖通過這次西行遊說成吉思汗「放下屠刀」，早日回軍。

丘處機率18名弟子在此次西行的過程中，向各族群眾廣泛傳道，招收信徒。在行至今天的蒙古國西部科布多時，還將弟子宋道安、李志常等留下，建立了全真道觀，建立全真教的組織。他不僅在精神層面宣揚全真之法，更是身體力行地讓人們了解教義。他沿途廣施善事，在中亞的撒馬爾罕等地，利用成吉思汗賜予自己的糧食熬粥施捨給當地的窮人。丘處機所到之處，得到了各州縣和行省文武官員的迎送，受到了熱烈歡迎和隆重接待。而當成吉思汗看到丘處機鶴髮童顏、仙風道骨的樣子後，更是認定此人是助自己一統天下的貴人，對待丘處機自然是犒賞大增。

這便是成吉思汗不遠萬里、三次誠心召見丘處機的原因。

為什麼忽必烈兩次出征日本都以失敗告終

忽必烈的蒙古大軍當初不僅進駐中原，更是在世界範圍內進行了軍事擴張。

據史料記載，蒙古大汗忽必烈於公元1274年命高麗軍民總管洪茶立和風州經略使忻都，帶戰船九百艘、士兵一萬五千名，遠征日本。大元朝部隊在這場戰爭的初始階段戰績輝煌。但卻以失敗告終，給人們留下了許多不解的謎題。

日本當代著名作家井上靖的書中寫到「公元1274年10月初，佔領了對馬、壹岐兩島，繼而侵入肥前松浦郡……使日軍處於不利，不得不暫時退卻到大宰府附近。元軍雖然趕走了日軍，但不在陸地宿營，夜間仍回船艦。當元軍回到船艦後，恰遇當夜有暴風雨，元艦沈沒兩百餘隻，所餘元軍撤退，日本才免於難。」

如果按照井上靖所述，是惡劣的天氣使得大元軍隊在戰役中失敗了，那麼史實真的是這樣嗎？

根據史料記載，事實確實是這樣的。大元軍隊逼得日本方面節節退敗，最後退到了大宰府附近。但蒙古軍隊夜間仍然留守在軍艦上。直到公元1274年10月21日，這天夜裡元軍依舊像往常一樣，回到自己的軍艦上，卻忽然起了颱風。

試想，生長在蒙古這個中原國家，連見到京城的人工湖都以

為是書上說的海的士兵，哪有應對颱風的方法。加之對當時所處環境、地形的不熟悉，颱風一起，軍艦上便一片混亂，有的甚至因為相互之間的碰撞而艦毀人亡。再加上颱風形成的海浪對船體的撞擊，不少軍艦被海浪打沈，所以元軍只好撤退。

第二天清早，日軍不見元軍進攻，便派出偵察人員去探元軍情況，才知道元軍已撤退。日本對於颱風使得元軍撤退這一事件很重視，並展開了大規模拜神的活動，稱為「神風」。

此後「神風」一詞一直陪伴了他們近700年。

第一次正面交鋒過後，雙方都可謂已經知己知彼，大元朝的弓箭讓日本人開了眼界，日本人的戰刀也讓蒙軍長了見識。待忽必烈重整旗鼓之後，又於公元1281年5月第二次進攻日本。這一次出海的艦隊陣容更是無比強大，其中將士十四萬名，四千多艘戰艦和九千海船。忽必烈看似是抱著鏟平日本的信念出發的。

忽必烈

但是，在經歷過第一場戰爭之後的日本已經加強了沿海的防禦建築，而日本軍隊使用的弓箭，其射程和殺傷力跟元朝的已經不相上下。這樣一來就對蒙軍更不利，本來海上就沒有隱蔽的地方，加上日軍的遠距離武器又取得了進步，所以在相持的階段，元軍傷亡人數與日俱增。但是戰爭還在繼續，忽必烈是抱著雪恥之心而來，當然不會就此罷休。

然而在1281年8月12號這一天，這支龐大的艦隊在海平線上消失得無影無蹤！史上著名的弘安之役以日本取勝告終。

　　可能有人會問，這次又是什麼原因使得忽必烈再次失敗？難道還是因為颱風「作怪」？的確，這次又是颱風在「作怪」。這次面對颱風的襲擊，大元軍隊是做了準備的，颱風來臨時，他們曾把海船軍艦都綁在一起，試圖減小颱風和海浪對船體的衝擊，奈何颱風猛烈，最後損失慘重，不得不丟盔棄甲選擇撤退。

　　這真的是「天有不測風雲」，大元王朝兩次勇猛地進攻日本，卻因颱風而以失敗告終。

馬可‧波羅是否來過中國

　　《馬可‧波羅遊記》這本書不僅讓世界認識了中國，更讓馬可‧波羅成為一位家喻戶曉的人物，人們說他是橋架東西方文化的聖人，是他的遊記讓世人認識了中國。可是，隨著時代的發展，越來越多的人對《馬可‧波羅遊記》提出了質疑，那就是，馬可‧波羅真的來過中國嗎？

　　馬可‧波羅於1254年出生在意大利威尼斯市的一個商人家庭，他17歲時，父親帶他來到中國，他是有史料記載的第一個訪問中國的西方人。馬可‧波羅跟隨父親、叔叔由古絲綢之路向東行走，跋涉了三年，經過敘利亞、兩河流域和中亞細亞，穿越帕米爾高原，終於在1275年抵達元朝皇帝避暑行宮所在地——上都，拜見了元世祖忽必烈。

　　隨後在中國居住了17年，遊歷了很多地方。1292年馬可‧波羅離開中國，1295年返回威尼斯。但不久後，意大利西部城市熱那亞發生了海戰，威尼斯艦隊戰敗，馬可‧波羅被俘入獄。在獄中，他憑藉著自己驚人的記憶力和細緻的觀察力，敘述了自己在東方的所見所聞，並由獄友魯思梯切諾記錄成書，這就是後來聞名於世的《馬可‧波羅遊記》。

　　為什麼對於馬可‧波羅在《遊記》中談到的中國之旅，人們會有很多懷疑呢？其實這點是不難解釋的。中國自古，每個朝代都有史官負責編纂記錄本朝代發生的較為重大的事情，假設馬

可‧波羅真的到過中國並在這裡居住了17年，那麼為什麼各種史書中都找不到一點記載？能夠證明他在中國生活的只有書中的一些和中國歷史時間相符的事件。但眾所周知，那個時候的西方國家並不像中國一樣封建，他們的視野開闊，想要知道中國在什麼時間都發生過哪些大事件並不是一件難事，所以首先，對於他是否真的在中國居住了17年這件事，就有很多人持有懷疑態度。

其次，如果他真的在中國生活、居住了17年，那麼依照他驚人的記憶力和細緻的觀察力，書中應該有很多關於中國古代特有的時代烙印。比如說：茶葉、女人纏足、書籍印刷等等這些跟古代中國人生活息息相關的事情，為什麼《遊記》隻字未提呢？可是疑問剛剛產生，就立刻有人持反對意見，並對以上疑惑逐一做出解釋。楊志玖教授在《永樂大典‧站赤》裡發現了一篇十分重要的元代公文，這篇文章裡敘述了西亞蒙古伊利汗國的使團準備從泉州下海歸國的事情，其中值得注意的是，書中波斯使臣的名字和返回時間與《遊記》中馬可‧波羅所記錄的完全一致。雖然沒有提到馬可‧波羅的名字，但很有可能只是因為馬可‧波羅在元朝的職位不太高而已。

至於《遊記》中沒有提到茶葉、書籍、印刷等重要元素，則是因為：第一，馬可‧波羅的口述不可能面面俱到，他沒受過高等教育，獄友在監獄中幫其錄入，難免會有漏處；第二，沒有提及茶葉，很有可能是當時的蒙古人和色目人不喝茶，而是喝馬奶、葡萄酒和果子露，這也符合常理；第三，馬可‧波羅很少接觸漢族人，不識漢字，所以對這方面比較淡漠，那麼不提漢字書法和印刷術也是說得通的。

兩種說法聽起來都很有道理，那麼馬可‧波羅到底有沒有來過中國？還有待進一步的考證。

明朝萬戶被稱為「世界航天第一人」

在1945年出版的《火箭和噴氣發動機》一書中，美國火箭學家赫伯特・S・基姆說到：「大約在14世紀末期，中國有一位叫萬戶的官吏，曾在一把座椅的背後裝上47枚當時可以買到的最大的火箭，並把自己綁在椅子的前面，兩隻手各拿一個大風箏。然後命令他的僕人同時點燃47枚大火箭，想借火箭推動的力量，加上風箏上升的力量飛向天空。」

書中提到的萬戶是生於明朝初年的富家子弟，從小很喜歡木工，並且愛好鑽研、技術改良或是發明創造。為了讓自己的天賦得到最大發揮，毅然決定棄文從武。在此其間，他自己改造了很多武器，可謂是刀、槍、箭、炮無所不能。正是這些發明讓當朝政府在與蒙古勢力的交戰中屢屢得勝。大將班背是個兵器愛好者，因十分欣賞萬戶的才能想把他調到兵器局上班，以便專心於武器研發。班背當時的興趣重點在於火箭技術的改良上，夢想能製造出一飛沖天的「飛鳥」。閒暇的時候，班背就與萬戶一起討論兵器製造的事情。正當萬戶開始覺得有了靠山，想要一展宏圖的時候，班背卻因為心直口快而得罪了右中郎李廣太，不僅被革了職，還被關在拒馬河上游的深山中。萬戶很想營救班背，恰逢這時燕王朱棣正招賢納士。李廣太看準了朱棣這座靠山，竭力巴結，並推薦了精通尖端兵器技術的萬戶。因為他知道萬戶和班背的關係，所以多次威逼利誘。萬戶為了盡早幫好友脫離苦海，就

答應了他。可誰知道，拒馬河靠近明朝邊境，是蒙古騎兵經常遛馬的地方。沒等萬戶前去營救，班背已經死在了蒙古人的刀下。遇難前，他讓隨從把自己畢生的研究成果——《火箭書》帶了出去交到萬戶手上，希望他完成自己一飛沖天的夢想。

萬戶從班背那裡繼承了《火箭書》之後就開始了漫長的鑽研。歷經多年的研究，逐漸從軍中廣泛使用的火箭中得到了靈感，設計出一種新式的「飛龍」火箭，這種火箭射程可遠達1000米。理想完成了，該是實現夢想的時候了，雖然在600多年前這一行動毫無疑問就是送死，但是萬戶還是邁出了那一步。當時沒有宇宙飛船，他就用椅子代替，椅子後面捆綁了47支「飛龍」火箭，借助火箭推進的力量，太空似乎不再遙遠。更值得一提的是，他甚至還想到了著陸問題，於是在手裡準備了兩個大風箏，心想這樣就可以平穩地降落。這幾乎是當時所能用到、所能想到的最先進的最佳組合了。

試飛那天，萬戶坐在飛天椅上，鎮定地吩咐僕人舉起火把。隨著陣陣轟響聲，火箭噴出股股火舌，「飛龍」火箭把萬戶推向半空。正當地面觀看的人群開始歡呼的時候，第二排火箭自行點燃了，一聲巨響之後，萬戶連同「飛天椅」一起墜落在萬家山，他就這樣倒在了自己夢想的征途中。後人為了紀念這位人類航天事業中偉大的先行者，在上世紀70年代的一次國際天文聯合會上，眾人將月球上一座環形山命名為「萬戶」，將他的名字永遠寫在了他夢想觸及的地方，以紀念「第一個試圖利用火箭做飛行的人」。

無論從萬戶對科學的執著來看，或是對朋友的友情來看，或是對「火箭」事業的熱愛以及他在這方面過人的才華來看，他都無愧於「世界航天第一人」的稱號。

明成祖朱棣生母之謎

　　明成祖朱棣是明朝的第三代皇帝，他統治的那段時期被後人稱之為「永樂盛世」。朱棣生於應天，恰逢戰亂，被封為燕王，後發動靖難之變，起事攻打侄兒建文帝，奪位登基。死後原廟號「太宗」，一百多年後由明世宗朱厚熜改為「成祖」。

　　明成祖的生母到底誰，至今仍然還是個謎，這讓人聽起來似乎不可思議，但事實的確如此。關於他的生母到底是誰，數百年來一直撲朔迷離。

　　在古代中國，正妻生的兒子稱嫡子，非正妻生的兒子則稱庶子。正妻被尊稱為嫡母，其他的妾則被稱之為庶母。對帝王家來說，嫡子和庶子在名分上有重大的差別。依照封建宗法制度，一旦皇帝死了，皇位則要由嫡長子繼承。即使嫡長子死得早，如果嫡長子有兒子，也應該要由嫡長子的嫡長子來繼承，其他的庶子不得覬覦。

　　明成祖朱棣自稱為馬皇后所生，自然也就是所謂的嫡子了。但是經歷代學者考證，明成祖的生母並不是所謂的馬皇后。成祖的生母問題不但關係到他的身世，更是深刻地影響到他一生的行為。

　　很久以前，徐作生的文章裡就說到朱棣、朱橚的生母是高麗人，姓碩。是高麗國進貢給朱元璋的妃子。生下朱棣未足月就被馬皇后折磨而死。因該文章對馬皇后的惡意評價及其文章的漏

洞，當時並沒有人在意。因為，第一，碩妃生下朱棣一月即死，如果照此推斷朱棣與朱橚為一胎同胞。但是朱棣生於1360年，而朱橚生於1361年；第二，朱棣出生的時候，朱元璋割據江南，尚未稱王，元尚統一著北方，劉福通未死，陳友諒、張士誠未滅，那怎麼會有高麗國進貢妃子？

有人說他的生母就是上面所說的碩妃，是高麗人。但有的人則認為他的生母是妃子翁氏，也有人說二者很有關聯，因為「碩」高麗音為「wen」，以訛傳訛，於是到頭來朱棣便有了個翁氏生母。

另外還有一個說法，就是朱棣根本不是朱家血脈，而是元遺後代。在蒙古《黃金史綱》中有說到大都城破時，元順帝的妃子弘吉剌氏已經懷孕三個月，因為沒有來得及逃出，就躲在一個大甕中避難。後來被明軍搜出後為朱元璋納為妃子，於是被為翁（甕）氏。弘吉剌氏當時心想：「如果是七個月後產子，則必然會被朱元璋當作野種殺害。如果是分娩在十個月後則會被朱元璋當作他自己的親兒子來撫養。」於是她就向天祈禱再添三月孕期。果然是懷孕十三個月以後才分娩，產下一子，那便是朱棣。

當時朱元璋做夢夢到東西二龍相鬥，西龍被東龍所打敗。解夢的巫師就告訴他這代表他的兩個兒子會爭奪皇位。西龍是漢後的子孫，而東龍則是翁妃的子孫。朱元璋聽了以後認為翁妃來自蒙古，本是自己的敵人，讓她的兒子繼承大統不好，於是就把朱棣貶去鎮守邊疆。

然而《明史》上的說法，朱棣是朱元璋的正妻馬氏所生，生於元至正二十年。因為在明初年間朱家皇室娶蒙古人為妃有很多。例如朱元璋就曾經給自己的兒子秦王朱樉娶擴廓鐵木爾的女兒為妻。可能由於朱棣的母親早死，遂後馬氏代為撫養成人。

　　至於這個蒙古皇妃是不是以前真的是屬於順帝則大可存疑。不過，懷孕十三個月而生出皇帝，這並不是蒙古人的專利。如果朱棣真的是蒙古人，那麼也就是說，歷史上曾經統治中國差不多300年的明朝皇帝，其實從第三個皇帝起就開始已經是姓弘吉剌的蒙古人了。

　　儘管至今我們仍然不知道朱棣的生母是誰，但他不是馬皇后親生是大多數人認同的觀點。雖然朱棣反覆修改了史書，並且消滅了許多證據，但是破綻還是存在的。而且它就存在於史書裡。

　　明史《黃子澄傳》中有記載：「子澄曰：周王，燕王之母弟。」從這句話，我們就可以很清楚地了解到一個事實，那便是燕王朱棣和周王是同父同母的親兄弟。《永樂實錄》中也記載了他們兩個是同母兄弟，但問題在於，他們的親生母親到底是誰？這一謎題還有待細細考證推敲。

明代「壬寅宮變」之謎

　　自古以來，防備森嚴的地方不是監獄，而是皇宮。皇帝為防人行刺，日日夜夜命人巡邏守衛，明朝也不例外。

　　明朝皇帝的寢宮是紫禁城內的乾清宮，除了皇帝和皇后，其餘人都不可以在此居住。妃嬪們也只是按次序進御，除非皇帝允許久住，否則當夜就要離開。

　　嘉靖年間的乾清宮，暖閣設在後面，共9間。每間分上下兩層，各有樓梯相通。每間設床3張，或在上，或在下，共有27個床位，皇上可以從中任選一張居住。因而，皇上睡在哪裡，誰也不能知道。這種設置使皇上的安全大大加強了。然而，誰又能防備那些守在他身邊的宮女呢？

　　就是這群宮女，幹出了驚天動地的大事，這就是歷史上的「壬寅宮變」。「壬寅宮變」發生在嘉靖壬寅年（嘉靖二十一年，公元1542年）。當時史料曾有如下記載：

　　嘉靖二十一年十月二十一日凌晨，十幾個宮女決定乘朱厚熜熟睡時把他勒死。先是楊玉香把一條粗繩遞給蘇川藥，這條粗繩是用從儀仗上取下來的絲花繩搓成的，蘇川藥又將拴繩套遞給楊金英。邢翠蓮把黃綾抹布遞給姚淑皋，姚淑皋蒙住朱厚熜的臉，緊緊地掐住他的脖子。邢翠蓮按住他的前胸，王槐香按住他的上身，蘇川藥和關梅秀分把左右手。劉妙蓮、陳菊花分別按著兩腿。待楊金英拴上繩套，姚淑皋和關梅秀兩人便用力去拉繩套。

眼看她們就要得手，繩套卻被楊金英拴成了死結，最終才沒有將這位萬歲爺送上絕路。宮女張金蓮見勢不好，連忙跑出去報告方皇后。前來解救的方皇后也被姚淑皋打了一拳。王秀蘭叫陳菊花吹滅燈，後來又被總牌陳芙蓉點上了，徐秋花、鄭金香又把燈撲滅。這時管事的被陳芙蓉叫來了，這些宮女才被捉住。朱厚熜雖沒有被勒斷氣，但由於驚嚇過度，一直昏迷著，好久才醒來。

事後，司禮監對她們進行了多次的嚴刑拷打、逼供，但供招均與楊金英相同。最終司禮監得出：「楊金英等同謀弒逆。張金蓮、徐秋花等將燈撲滅，都參與其中，一並處罰。」

從司禮監的題本中可知，朱厚熜後來下了道聖旨：「這群逆婢，並曹氏、王氏合謀弒於臥所，凶惡悖亂，罪及當死，你們既已打問明白，不分首從，都依律凌遲處死。其族屬，如參與其中，逐一查出，著錦衣衛拿送法司，依律處決，沒收其財產，收入國庫。陳芙蓉雖系逆婢，阻攔免究。欽此欽遵。」刑部等衙門領了皇命，就趕緊去執行了。有個回奏記錄了後來的回執情況：「臣等奉了聖旨，隨即會同錦衣衛掌衛事、左都督陳寅等，捆綁案犯赴市曹，依律將其一一凌遲處死，屍梟首示眾，並將黃花繩黃綾抹布封收官庫。然後繼續捉拿各犯親屬，到時均依法處決。」聖旨中提到了曹氏、王氏，曹氏、王氏是誰呢？據考證，她們是寧嬪王氏和端妃曹氏，因此，有人根據這道聖旨得出結論，是曹氏、王氏指使發動了這場宮廷政變。

然而有人則認為不然，認為如果主謀是曹氏和王氏，那麼史料上應該記載寧嬪王氏和端妃曹氏的情況，而在以上所述的行刑過程當中，卻從未見到過對曹氏和王氏的處置的描述，因此主謀是誰尚不能斷定。

究竟是誰製造了「梃擊案」

明朝在萬曆末期至天啟初年，發生了轟動朝野的三大案，其分別為梃擊案、紅丸案和移宮案。這些案子都是與皇帝的後宮有關。萬曆帝在10歲的時候就即位，一直到萬曆四十八年（公元1620年）去世，共在位49年，是明朝歷史上在位時間最長的皇帝。他在位的時候，「梃擊之案」首先發生，梃擊的目標直指太子朱常洛。

明朝萬曆四十三年五月初四，有一個名叫張差的男子手持棗木棍即木梃，不由分說地闖入太子朱常洛所居住的慈慶宮，逢人就打，擊傷了守門官員多人，他一直打到了殿前的房簷下。那些被打中的人的呼喝聲、號救聲連成一片。多虧宮中小臣朝本用反應比較靈敏，眼疾手快地將持棍男子抓獲，宮內才得以平靜下來。而這時的東宮警備不嚴，內廷的太監們往往托病離去，侍衛人員也僅僅只有幾個，所以就發生了這樣的悲劇。

後來張差被捆縛到東華門守衛處收禁起來。次日，皇太子據實上報給神宗，神宗命法司提審問罪。巡視皇城御史劉廷元按律當場審訊。可是，張差沒說上幾句話，就開始顛三倒四，像一個瘋子一樣。御史再三誘供，張差卻總是胡言亂語，吃齋、討封亂答一氣，問答數小時，也沒有將實情供出，惹得審判官不耐煩，只好退堂，把他交給了刑部定論。交到刑部後，由郎中胡士相等人重新提審，也是同前審一樣，毫無結果。刑部主事王之認為其

中一定有隱情，說張差肯定不瘋不狂，而是有心計有膽量。

最後張差扛不住了，供認自己是紅封教的成員，說自己是受鄭貴妃宮中的太監龐保、劉成的指使而打入慈慶宮的，事成之後，他們答應給張差30畝地。參與此事的還有張差的姐夫孔道。消息傳開後，朝野內外開始議論紛紛，都懷疑鄭貴妃想要謀殺太子，以便扶立福王。

事情發生後，太子和鄭貴妃先後趕來見明神宗。太子常洛氣憤地說：「張差做的事，一定有人主使！」鄭貴妃光著腳走來，對天發誓，然後撒起潑來，嘴裡嘮叨著說：「奴家若做此事，全家甘受千刀萬剮！」神宗看到雙方如此對立，拍案而起，指著貴妃說：「群情激怒，朕也不便解脫，你自去求太子吧！」朱常洛看到父親生氣，又聽出話中有音，只得將態度緩和，並說：「這件事只要張差一人承擔便可結案，請速令法律部門辦理，不能再株連其他人。」神宗聽後，頓時眉開眼笑，頻頻點頭，說道：「還是太子說的對」。於是，一場家務案就這樣在明神宗的導演下降下了帷幕。

後人再重新研究此案時，都認為是鄭貴妃主使了此事。近來卻有人提出了異議，認為在鄭貴妃與太子雙方已經明確對立的情況下，鄭貴妃不可能魯莽地做出這種事來，這樣會讓大家明顯地把矛頭指向自己。如果鄭貴妃真想謀害太子的話，也不會僅僅派一人持棍去闖防備森嚴的太子宮殿，因而得出的結論是：太子為鞏固自己的地位，自編自演了一出「苦肉計」，以便讓人們將懷疑的視線投向鄭貴妃，徹底將其鏟除。只是因為皇帝的干預，太子才沒有得逞。當然，這種說法也只是一家之言，也無確鑿的證據。

不管怎樣，張差一死，一切就喚做「死無對證」，活著的人自然想怎麼說都可以，而梃擊案也因為疑點重重而一直被後世猜測。

明「紅丸案」幕後主使是誰

「紅丸」又稱紅鉛丸，是古代宮廷中特製的一種春藥。其製法很特別：須取童女首次月經，盛裝在金或銀的器皿內，還須加上夜半的第一滴露水以烏梅等藥物，連煮七次，濃縮為漿。然後加上乳香、沒藥、辰砂、松脂、尿粉等拌勻，以火提煉，最後煉蜜為丸，藥成。

據《明實錄》記載，嘉靖年間，宮廷為了配製「紅丸」，前後一共選少女一千零八十人。嘉靖二十六年的二月，從畿內挑選十一至十四歲少女約三百人入宮，三十一年十二月又選三百人，三十四年九月，選民間女子十歲以下者一百六十人，同年十一月，又選湖廣民間女子二十餘人，四十三年正月選宮女三百人。就是這些尚未成年的小姑娘，後來都成為嘉靖皇帝製藥用後的「藥渣」了。嘉靖皇帝這樣無情地摧殘女子，簡直是毫無人性，由此而引發了中國歷史上一場特殊的宮女暴動。

萬曆末年，朱常洛的太子地位已經穩定。陰險毒辣的鄭貴妃為了討好朱常洛，投其所好，送了八個美女供他享用。朱常洛身體本來就不強健，又經常與這些女人廝混在一起，逐漸體力不支。登基僅十幾天，就因為酒色過度臥床不起了。

可是，他並沒有因此而節制自己，照樣與這些人混在一起。一天晚上，朱常洛為了尋求刺激，就服了一粒「紅丸」，結果狂躁不已，精神極度的亢奮。次日早上，侍寢的太監吳贊連忙請來

御醫崔文升診治。崔文升竟不知皇帝是陰虛腎竭，還以為是邪熱內蘊，下了一副泄火通便的猛藥。結果，朱常洛一宿腹瀉三十餘次，危在旦夕。這樣一來，崔文升就闖了大禍，朝廷上唇槍舌劍，吵聲罵聲不絕於耳。重臣楊漣上書，指責崔文升給皇帝誤用瀉藥。崔文升反駁道並非誤用，而是皇帝服用了「紅丸」造成病重。東林黨人馬上強調，崔文升不但用藥不當，還拿「紅丸」之事敗壞皇帝的名聲。

就在三個人爭執不下的時候，危在旦夕的朱常洛還念念不忘「紅丸」，想要服用。鴻臚寺丞李可灼當即進了顆紅色丸藥，朱常洛服後，沒有動靜。到了晚上，朱常洛又要求再服一丸，李可灼又進了一顆紅色藥丸。結果，過了不大一會兒，皇上就手摀著心口，瞪著兩眼，掙扎了幾下，一命嗚呼了。當時朱常洛即位才三十天，就連年號都還沒來得及制定。

兩顆「紅丸」，一條人命，震驚朝野，釀成大案。紅色藥丸究竟是不是「紅丸」？而它到底又是什麼藥？為什麼在皇帝病重之時，還要進這種丸藥？崔文升和李可灼怎麼會這麼大膽？崔和李到底有沒有幕後指使者？這一系列的疑問在人們腦海中盤旋。

明末宮廷內黨派之間鬥爭激烈，「紅丸」一案激起了黨派的更加尖銳的矛盾。有的人認為，李可灼進的「紅色丸藥」其實就是「紅丸」，紅鉛丸是很普通的春藥。春藥屬於熱藥，皇帝陰寒大泄，以火制水，是對症下藥。而李可灼把春藥當補藥進上，是想步陶仲文的後塵而已，只是他時運不濟罷了；也有人認為，那顆紅色丸藥是道家所煉金丹。用救命金丹來挽救垂危病人，一旦治活了則名利雙收，要是死了算是病重難救。李可灼就可能是這樣想這樣做的；還有的認為，拿春藥給危重病人吃，是有悖常理的。李可灼明明知道自己不是御醫，而病人又是皇帝，一旦治出

了問題，腦袋都保不住的，可他為什麼還這樣大膽進藥？況且，朱常洛是縱慾傷身，急需靜養，怎麼還要用這虎狼之藥？

由此推斷，李可灼一定是受人指使，有意謀殺皇上。再經追查，崔文升曾是鄭貴妃屬下之人。崔該殺！崔的幕後指使者也該追查！

除此之外，李可灼是首輔方從哲帶進宮來的，也要追查方從哲。而方從哲想逃脫罪責，慌忙上書請求退休。可退休之後，聲討他、要求嚴辦他的文書還特別多。方從哲一面竭力為自己辯護，一面自請削職為民，遠離中原。許多大臣為他開脫，也難了斷。

最後，一位剛入閣的、與雙方都無牽連的大臣韓上書平復了眾議。李可灼被判流戌，崔文升被貶放南京，「紅丸」案才算是有了了結。

為何說元明易代是文明倒退的悲劇

123

後人認為元朝是中國歷史上思想最開放、眼界最遠大的一個朝代。因為沒有哪個朝代的統治者階層可以像元代一樣正確地看待引進國外的先進思想技術。而外國人之所以願意萬里迢迢地來到這裡，不是因為這個朝代有無盡的財富，而是喜歡這裡的繁榮經濟和百姓高質量的生活，甚至有許多外國人都會產生一種樂不思蜀的感覺。

在《馬可·波羅遊記》中也有這樣的記載：

「他們完全以公平忠厚的品德，經營自己的工商業。大家彼此之間和睦相處，住在同一條街上的人們因為鄰里關係，而親密如同家人。

「所有向朝廷要求食物的人，都會得到滿足。每天都有官吏分發二萬桶米、粟和稷。人民因為大汗對於貧民有這樣可敬和驚人的仁政，都十分愛戴他。

「真可以說是具有煉金士的神祕手段……用這些紙幣，可以買賣任何東西。同樣可以持紙幣換取金條。」

就連無欲無求的傳道士也十分羨慕當時中國的社會風氣：「一種難以想像的情形是禮貌、文雅和恭敬中的親熱，這是他們社交上的表現特點。在歐洲常見的爭鬧、打鬥或者流血的場景，在這裡是不會發生的，即使在爛醉如泥中也是一樣的。忠厚這種品質到處可見。人們的車子和其他財物既不用鎖，也無須看管，

並沒有人會偷竊。他們的牲畜如果走失了，大家會幫著尋找，很快就能物歸原主。」

元朝也許是繼唐代之後出現的另一個太平盛世。時代像車輪一樣，滾滾向前，按理說，按照這種狀態發展到明代，中國應該是空前的繁榮昌盛，但為什麼元明易代卻是文明倒退的大悲劇呢？

首先，從財政管理方面來看，從國內民族關係角度來看，明都沒有辦法與元相比。中央政府缺乏管理能力，財政制度也比不上前朝，國內民族隔閡加大，民族衝突加劇，明代沒有繼承到元代的丁點優勢，甚至連效仿都出了錯。

元亡明興以後，對外的態度轉變了。朱明王朝推行閉關鎖國政策，連元代一度傳播的天主教也被嚴令禁止。傳教士懾於明代的政策也紛紛離去，從此兩百年間中國與歐洲基本無任何交流可言，直到萬曆年間政策才稍有鬆動。但是其間兩百年的與世隔絕，已經使中國成了一個愚昧無知的國度，不是一時半會的交流能夠改變的，這就使得中國在今後的很多年裡一直追趕不上西方的發展腳步。

另外，朱明王朝的海洋政策與元朝相比絲毫沒有進展。制定一條禁海遷界政策，明開國皇帝朱元璋可謂是始作俑者。洪武二十年七月，這一王朝制定新的政策：「徙福建海洋孤山斷嶼之民，居沿海新城」「各省孤嶼，人民既不得他用，又被他作歹，可盡行調過連山附城居住，給官田與拼、宅捨與居。於是，福建、廣東暨澎湖三十六嶼盡行調過，以三日為期，限民徙內，後者死。」此項政策令沿海百姓祖祖輩輩耕作的土地變得荒蕪，世代積累起來的家業毀於一旦，東海近岸島嶼帶的社會經濟也因此遭受了滅頂之災。

港口城市的經濟發展直接影響到一個國家的經濟發展狀況，明朝政府卻對此不聞不問，繼續聲勢浩大的維持海禁政策。甚至敵視海外拓殖事業，更進一步地阻礙了國人的海外貿易與移民擴張，使得中國多次與向海洋發展的機會失之交臂。

　　中國如果沒有朱元璋的閉關鎖國，很可能又會開創一個歷史的巔峰，一個祥和的太平盛世。但歷史的車輪不會倒轉，朱元璋的錯誤策略使得中國的歷史發展整個倒退一大步，所以後人才說，元明易代真的是一個文明倒退的悲劇。

康熙沒有「微服私訪」

　　這些年與康熙微服私訪有關的電視劇層出不窮，電視中的皇上穿著類似老百姓一樣，甚至比老百姓還普通，說是這樣才能融入民間，體察民情。但是史書記載的康熙皇帝真的像電視上一樣微服私訪過民間嗎？

　　據史書《清聖祖實錄》記載，康熙的確是歷史上到地方上巡察次數最多的皇帝之一。拋開京城之內的巡視不說，他的巡查足跡遍布全國各地，山東、陝西、江浙，甚至塞外，這些地方都有過他巡查的足跡。其中當然有一些名勝古蹟、風景秀麗的地方，但康熙主要是出於政務的考慮，而不是遊玩。可不管出於什麼目的，每次巡查真的都是微服嗎？按照史書記載的情況，康熙皇帝作為專制君主，是不可能深入民間接近群眾的，所以出行巡查是真，但微服私訪只是後世戲說而已。

　　雖然微服私訪只是後人戲說，但是康熙在巡行時的確十分注意，盡量避免騷擾到百姓。他要求巡行所用之物要一切從簡，更是不許當地官吏從民間收取，都要按照市面上的價格採購。同行的官員也不准接受任何人以任何理由的饋贈，一經發現，處以重罰。甚至還四處張貼告示以安民心，讓大家知道只要發現收受賄賂的官員，定會重罰。要求所有經過的地方，百姓還要像平常一樣地生活，不要因為避諱而搬走，因為這樣反而會打擾了大家。

　　從這一系列大張旗鼓的行為不難看出，康熙並沒有微服私

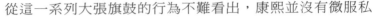

訪，相反，每次巡行唯恐有人不知曉。但是康熙一心為民的思想還是值得肯定的。

其實，康熙巡行並非不見百姓。他到了揚州一帶，男女老少都搶著出門見皇帝，有的甚至被擠掉到水裡。不得已康熙才提出要求，如果想見皇上，就要「止於夾道跪迎，毋得紊亂追趨，致有諸患。」所以他巡視時所經之處人們便扶老攜幼，夾道歡迎，康熙常會詢問道路旁百姓的收成情況，人們都說「連歲順成，民生稍得安業。」

總的來說，康熙的每次巡行，男女老少都是很歡迎的，康熙也會對百姓們噓寒問暖，其間氣氛是輕鬆愉快的。有的時候大家甚至笑聲連連，遇到露宿街頭或是流離失所之人，康熙也會表示關切，甚至立刻施以幫助。

康熙通過巡行知道了很多民間的情況，有利於行政決策的制定。例如，各省督撫上奏編審人丁數目，其實並未將增加的數全部上報。於是說他只要巡行到的地方，問到的人家如果有五、六個人，那麼只要一人交納錢糧，如有九、十個人，那麼就二、三人交納錢糧就可以了，其他人則不收取。在西南平定以後，人口越來越多，為掌握人丁的實數，決定從康熙五十一年起，新增加的人口不會再增加賦稅。

康熙在巡視中的行為給人們留下了良好形象，認為他是一個勤政愛民的好皇帝，也為以後的帝王樹立了榜樣。所以後世關於康熙皇帝微服私訪的很多故事，都是百姓出於對他的愛戴而自己添加的，而大家口口相傳，一直流傳至今。

康熙初見12歲乾隆：到底喜歡這個孫子什麼

　　乾隆是12歲那年第一次見到了爺爺康熙帝，那時年幼的他還全然不知這次見面將會徹底地改變自己乃至整個國家的命運。

　　康熙六十一年，康熙帝跟自己12歲的孫子乾隆在圓明園「偶遇」了，其實這一次偶遇並沒有看起來那麼純粹。乾隆的父親雍親王並非等閒之輩，他看出自己的兒子弘曆跟別的孩子不一樣，就趁一次閒聊裝作無意地跟康熙提起：「您還有兩個孫子從生下來都還沒有機會一睹他們爺爺的聖顏呢。」康熙聽兒子這樣說，沒有想太多，況且只是跟自己的孫子見面而已。

　　事實上，老康熙並非看不出雍親王要引薦兩個孩子的意圖，只是眼前自己的這個兒子也非平庸之輩，就算臨時佈置給他的任務，從來都能很好地完成，想必他想推薦的人定有值得一見之處。更何況，一享天倫對於此時的康熙也算一件歡喜之事，所以便欣然應允。於是便約定了時間、地點見見自己的孫子。

　　三月十二日傍晚，皇帝駕臨牡丹台，品酒賞景。剛看到這兩個孩子，康熙便不覺放下了手中的酒杯。弟弟弘晝倒沒是給他留下太深的印象，但哥哥弘曆卻讓康熙過目難忘。當時的弘曆身材頎長，容貌清秀，眉宇間充滿了靈氣與淡定，相貌上就顯示出與眾不同。所以在行禮的時候，皇帝也特別注意了他，弘曆行為敏捷得體，一點也沒有這個年紀的孩子常有的緊張和局促，與跟在

他身後的弘晝形成了鮮明的對比。

豐富的閱人經驗告訴康熙，這個孩子絕對能成就一番大事。他慈愛地招招手，讓弘曆站到自己面前，開始詢問他的功課。弘曆便大方地背了幾段經書，並全部清楚地講解了一遍。這讓康熙更加高興，確定這是他見過的所有孫子當中最出色的一個。但康熙畢竟是一朝明君，不能依靠所謂的感覺行事。清朝是一個封建的王朝，比較迷信生辰八字，康熙更是對此深信不疑，甚至還專門有一個比較認可的「羅瞎子」。所以牡丹亭見過弘曆幾日後，便命雍親王寫下弘曆的八字給自己審閱。

批算的結果正如康熙所料，這孩子的八字果然與眾不同。1929年故宮博物院文獻館首批公佈的內閣大庫檔案中，有乾隆生辰八字，並附帶了康熙六十一年時人的批語。內容如下：「辛卯（康熙五十年）、丁酉（八月）、庚午（十三日）、丙子（子時）。此命貴富天然，佔得性情異常，聰明秀氣出眾，為人仁孝，學必文武精微。幼歲總見浮災，並不妨礙。運交十六歲為之得運，該當身健，諸事遂心，志向更佳。命中看得妻星最賢最能，子息極多，壽元高厚，柱中四正成格禎祥。」

我國自古的命相之理，是有固定的推算方法的。按命相理論，乾隆的八字，天干庚辛丙丁，火煉秋金，是天賦甚厚的強勢命造，術語稱為「身旺」；地支子午卯酉，局全四正，男命得之，為馴馬乘風，主大富貴。

所以又過了幾天，康熙又一次駕臨圓明園，一頓飯後，宣布了一個影響歷史的決定：將弘曆帶回宮中養育。此前，康熙僅見過這個小孫子一次，但因為弘曆給他的印象的確與眾不同，處事不驚慌、不爭奪，容貌清秀，充滿靈氣，加上弘曆與眾不同或者說具有帝王之象的八字，促使他最終作出了這樣的決定。

道光帝為何將皇位傳於跛足咸豐

　　道光帝為何將皇位傳於跛足咸豐？原來，他本有九男十女，但不幸的是，有三子都死於他之前。尤其是道光十一年，長子奕緯的去世對他的打擊很大。奕緯死的那年，道光帝已近天命之年，老年喪子使他幾近絕望，皇四子和皇五子奕詝、奕誴在之後的一年中相繼降生；兩年之後，皇六子奕訢也出世了，隨後又有三個更小的皇子誕生。

　　晚年的道光帝在享受天倫之樂的同時也在為挑選皇位繼承人的問題犯愁。他的九個兒子中，最後三個因為年齡太小不予以考慮；而五皇子奕誴生性耿直，舉止粗魯，不拘禮節，向來不得他歡喜，甚至將其過繼給已去世八年並且沒有子嗣的三弟惇恪親王綿愷，奕誴也因此被放在皇位繼承人的範圍之外。

咸豐帝

　　最終，最有可能繼承王位的就是奕詝和奕訢。而兩兄弟也讓道光帝十分為難，因為論文成武德，奕訢遠勝獐頭鼠目且跛足的奕詝；但老成持重方面，奕詝又遠勝過奕訢，這點道光很是看重。

　　傳說道光多次把奕訢的名字寫進

了立儲的密匣子，準備立他為皇位繼承人。但他考慮來考慮去，覺得奕譞是長子又沒有什麼大的過失，如果廢長立幼，不合傳統。但又認為奕訢才有帝王風範，所以直至晚年也一直下不了決心。奕譞和奕訢的師傅都想幫助自己的弟子在道光帝面前討得歡心，以奪得皇位。

奕譞的師傅杜受田對道光帝了解頗深，一次道光帝帶宗室子弟到南苑去打獵，杜受田在出發前悄悄地告訴奕譞：「等到了圍場，阿哥坐觀他人騎射就好，自己千萬別發一槍一矢，也不准手下人捕一獵物。皇上要是問起來，你就說時方春和，這是鳥獸孕育生命的時候，不忍傷害生命，以乾天和，且不想以弓馬之長與諸弟競爭。這樣說的話，一定討了皇上的歡心。」

奕譞聽後，照計行事。果然，在打獵的時候，好強爭勝的奕訢果然收獲最多，而奕譞這邊卻一隻獵物都沒有。道光帝自然奇怪，便問奕譞是怎麼回事，奕譞按照師傅教的話說了一遍，道光帝聽後果然大喜。

道光帝駕崩的前幾年一直都疾病纏身。有一天，他命人將奕譞和奕訢兩兄弟召來。兩人的師傅一聽，感覺到事情意義非凡，很有可能是道光要在彌留之際對皇位繼承人做一個抉擇，於是趕緊給自己的徒弟出主意。奕譞的師傅卓秉恬告訴他，皇上問話時，要充分展示自己的才能；奕譞的師傅杜受田知道奕譞嘴笨才拙，反應也比不上奕訢，就告訴他：「如果皇上說自己將不久於辭世，問起今後國策的話，你什麼都不要說，只管痛哭流涕，以表孺慕之誠就可以了。」

兩兄弟到了那裡後，道光果然問起自己辭世之後國家該如何治理，奕譞按照師父的指示上前抱住道光的腿痛哭，道光見後很感動，覺得他仁孝，是一國之君的材料。

道光當朝，最講求平庸，拿他最寵信的大臣曹振鏞來說，他說過一句話：「多磕頭，少說話」，這就是當時的為官之道，也是道光帝的為政特徵。要說道光帝最終選擇了奕詝作為皇位繼承人的原因，就是因為在老成持重這一方面，奕詝的確有道光帝的幾分風采。

　　因此，道光帝最終選擇了奕詝作為繼承人，就是日後的咸豐皇帝。

民國首任內閣總理唐紹儀被刺之謎

　　唐紹儀剛接任總理時，有很大的政治抱負，勤於公務，注重辦事效率，令政府呈現出一派新氣象。但袁世凱獨攬大權的習慣，使他對唐紹儀推行責任內閣制極為不滿，兩人的積怨日益加深，王芝祥督直事件最終導致了唐紹儀與袁世凱分道揚鑣。此後，唐紹儀寓居上海數年，與他人集資創辦金星人壽保險有限公司，擔任董事長，多次拒絕北洋軍閥的拉攏利誘。

　　蔣介石上台後，唐紹儀也只以黨國元老自居，擔任一些閒職，對政治幾乎是不聞不問。唐紹儀平時在家中以欣賞古玩自娛自樂，對瓷器更是情有獨鍾，當時他可能萬萬想不到以後的殺身之禍，也與此有直接關係。

　　1938年9月下旬，日本駐中國特務機關長土肥原來上海，有意向與唐紹儀祕密接洽合作計劃，勸其再做總統。土肥原對唐紹儀有興趣，是因為他認為其有一定的親日思想及泛亞主義情緒。

　　軍統首領戴笠見手下送來有關唐的情報，十分高興，當即把情報轉呈蔣介石過目，同時命令手下加緊監視。蔣介石知道後十分不悅，但又有所忌諱，唐紹儀已退出政壇多年，又查無實據。所以通過各種關係，對唐進行籠絡。

　　唐的女婿諸昌年也勸唐脫離日偽包圍，移居香港。戴笠參照蔣介石的意思，也叫杜月笙從香港寫信給他，勸他赴港居住，但他遲遲沒有行動。不久，戴笠發出了刺殺令。

戴笠得知唐紹儀平時喜歡收藏古玩，最喜歡歷代瓷器。幾天之後，軍統安排的內線謝志磐帶著軍統人員，身著便裝，冒充古董商人，直抵唐宅。謝是唐紹儀故友的弟子，之前也常去唐紹儀家，這次卻被軍統設計收買。他們一行來到宅前，門衛搜身甚嚴，但除了幾件古玩外，並無破綻。管家把他們幾個人領到會客室，片刻之後唐紹儀才緩緩從樓上下來。謝志磐趕忙上前討好地說了幾句話，呈上幾個裝有古玩的錦繡盒子。唐紹儀拿出放大鏡，對幾件古玩仔細觀看，連聲稱讚。謝志磐隨便報了價，買賣就成交了，幾位神祕的古董商人隨後便走了。

這次是軍統行動人員的演習，為了確保今後萬無一失。他們之後又來了幾次，逐漸發現唐紹儀對古董的痴迷，對特別珍貴的物件，甚至要屏退僕役，關緊房門，不讓外人窺見，這也給了敵人下手的機會。於是一個周密的暗殺方案定下了，謝志磐與另外三人又來到唐寓所，門衛見熟客便開門放行。

特務趙理君扮作古董商，兩人並肩而行，後隨軍統殺手王興國、李阿大，一色夥計裝束，提著一個裝著古董的大皮箱。箱內裝的是一隻南宋御製大花瓶、一把寶劍，還有其他的古玩數件，重點在於那只南宋大花瓶內有一把鋒利的小鋼斧。像往常一樣等了一會，唐紹儀就下樓了。

大家坐定後，趙理君先抽出那把寶劍，走到唐紹儀面前，稱這把劍是戚繼光抗倭時所用，價值連城。唐紹儀接過寶劍，經過仔細查看，認為這把劍是假的，緊接著二人就因為此事開始爭執。作為主人的唐紹儀為了緩和氣氛，對站在一邊的傭人說：「給客人點煙。」因為房間內沒有火柴，傭人自然會到屋外找尋，趙理君見時機成熟，便示意李阿大下手。當唐紹儀假裝轉身鑒賞其他古玩時，李迅速從南宋花瓶內取出小鋼斧，繞到唐的背

後，照著其頭顱猛然砍下，唐紹儀連哼都沒哼，便頹然倒下，當即死亡。

趙理君見大功告成，趕快讓眾人撤離，臨到房門口時謝志磐與趙理君還裝模作樣地說：「唐總理不必送了，留步，留步。」然後帶上房門出來，四人又齊向門內一鞠躬，顯得異常恭敬。門外唐宅保鏢見此也無疑心。謝志磐一行人還佯裝漫不經心地走出門來，坐上轎車離去。

唐紹儀的傷勢極重，到達廣慈醫院時已奄奄一息。醫生給他打強心針，並大量輸血，但都不見效，唐一直處於昏迷狀態。當天下午4時，唐紹儀終告不治。第二天，上海各報紛紛登出消息：「唐紹儀被刺殞命！」

唐紹儀遇刺後，國民黨中的一些老將認為沒有掌握唐紹儀失節確證而將其殺害，有很多意見。於是蔣介石下令付治喪費5000元，並將唐紹儀生平事蹟存付國史館，以平息風波。

民國刺宋疑案真相

民國時期，宋子文被行刺事件究竟有怎樣的內幕？戰後，當時的日本駐華公使重光葵在他的回憶錄中描述：「那時，日本櫻會軍官集團的一些人在上海不斷進行策動，想要在日華之間挑起事端……當時的駐華公使館陸軍武官輔佐官田中隆吉大尉也是其中的一員。因為我是他們策動計劃的障礙，所以他曾想要殺死我。田中大尉是想要在宋子文和我搭乘同一列車到達上海站，並肩走過來的時候，讓他們開槍射擊的。直接進行暗殺的人是當時上海恐怖團體青洪幫。但是我們一行提前一步走出了車站，得以幸免於難。」

半個世紀之後，與這件事有直接關係的王述樵（王亞樵的胞弟），在自己的回憶錄中卻指出是孫中山之子孫科派馬超俊到上海，請王亞樵刺殺宋子文，並負責經費。刺宋行動由王亞樵負責……負責刺宋的人員，有南京的鄭抱真、張慧中；上海的華克之。7月23日上午7時8分，宋子文下車時，華克之命令部下開槍。但不料宋與祕書

宋子文

唐腴臚均著白西裝，因分辨不清，誤將唐腴臚擊斃。

那麼到底哪份回憶錄才是真實的？

1931年春，日本制定了侵略的綱領性行動文件。但是由於軍隊數量不及中國，未必能討到好處，因而開展謀略，從而箝制中國關內，特別是控制住南方的反日軍隊。

而另一方面，鄭抱真在南京買通了一名財政部的主辦會計，要他每天都要當面向宋子文彙報外匯市場行情，所以情報很準。7月22日，宋子文對會計說，接到青島電報知母親病重，決定於當晚回滬。鄭抱真獲情報後，立即給王亞樵發去密語快電。之後剛剛回到住處，其手下便急切告知，他們從祕線得知：日本特務準備在上海北站刺殺日本駐華公使重光葵，然後嫁禍給王亞樵。這一來，中國人就必須承擔事端的責任，日本陸軍也就可以「名正言順」地興師問罪了！

華克之主張立即派發一份加急電報，暗示情況起了變化，鄭抱真認為不妥。於是兩人再次商議：最後決定，鄭、華同時搭乘當晚快車，與宋子文、重光葵一起去上海，到達北站時，趕在宋子文與重光葵出車廂之前對空鳴槍。給宋子文與重光葵以信號，叫他們不要出車廂，以此來破壞常玉清的行刺計劃，同時也通知王亞樵撤出戰鬥。至於刺宋，能成則成，不成則罷，事後再向王亞樵解釋。

此時王亞樵卻毫不知情。就在他緊張指揮的同時，常玉清也率領人馬來到現場開始部署。他在重光葵有可能進入的貴賓室門前，安排了兩名化裝成雜役的刺客侍機而動；另外又在出口處做了重點佈置。當然，他不知道的還有王亞樵做了什麼佈置，更不會知道鄭抱真「緊急措施」中的玄機，於是一場好戲「錯中錯」在等待一個「巧合」就可以上演了。

宋子文和唐腴臚下了車，負責監視任務的人一見宋子文與一人並行，馬上發出信號。鄭抱真、華克之眼看宋子文就要進入常玉清的狙擊範圍內，感到形勢危急，便不顧一切跳出車廂，對空鳴槍，以示警告。宋子文的衛士聽到槍聲立刻拔槍還擊。

　　槍響的同時，宋子文正好在出口處。此時同他並肩的已不是日本公使，而是機要祕書唐腴臚。在專司情報的人眼裡，與宋子文「肩並肩」，就是「重光公使」的標誌，遂發出「目標已到」的信號，於是混在人群裡的刺客當即趁亂集中射擊這位「重光」。唐腴臚連中3彈，倒在血泊中不醒人事。常玉清以為已擊中「目標」，便下令撤退，而此時華克之也已讓手下擲出煙幕彈撤出戰鬥，無異於掩護了常玉清。

　　退出現場後，常玉清一度得意於這次行動的順利，甚至連個蛛絲馬跡也未敗露，等他見到了田中隆吉，才知道擊中的是唐腴臚而根本不是重光！田中隆吉也因此很生氣，常玉清只好答應另外挑選謀刺對象以挑起中日衝突。後來，他果然帶人化裝三友工人，殺死日本蓮宗和尚，製造了「一‧二八事變」。

　　這幕國際性「錯中錯」行刺疑案終於大白天下！

考古篇

千年疑雲物中藏

足球是黃帝發明的嗎

　　踢足球是現代社會眾多人都較為喜愛的運動。有不少國家都認為自己是足球運動的誕生地，但是研究者有確切證據表明，足球最早起源於中國，中國古代的蹴鞠就是足球的起源。

　　蹴鞠是中國古代一種類似足球的活動。公元前3世紀末的《蹴鞠新書》記載了一個古老的傳說：足球是黃帝發明的。劉向《別錄》中也有類似的記載：「蹴鞠者傳黃帝所作，或曰起於戰國時。」

　　那麼，是否是黃帝發明了足球？1954年，在西安半坡仰韶文化遺址，發掘到了一些大小不一的石球。所以有人認為足球就是黃帝發明的，這些出土的石球就是黃帝時代創造蹴鞠遊戲的依據。因為黃河流域正是黃帝部落生活的地區，新石器時代距今5000年，與黃帝傳說的時代也基本吻合。

　　1972年長沙馬王堆西漢墓中出土了一批帛書，據考證是戰國時人的著作，其《十大經》中描述了黃帝部落與蚩尤部落的大戰，黃帝部落擒捉了蚩尤，把蚩尤的胃做成球，讓士兵們踢。因此，當時的戰國人認為蹴鞠是起源於黃帝時代。

　　以上僅是推測，並沒有更進一步的佐證，因此黃帝是否真的發明足球已無法考證。不過根據近代發掘所知，中國古代就有類似足球的運動。那麼它到底是什麼時候開創的？

　　蹴鞠有文獻記載是開始於公元前500年的戰國時代。據《戰

國策》記載，縱橫家蘇秦去各國遊說，實現他合縱抗秦的主張時，到過齊國，調查了齊國的經濟、軍事情況和風俗民情之後去勸說齊宣王。他說：齊國東依大海，人口眾多，臨淄的男子都很有朝氣，熱愛生活，「其民無不吹竽、鼓瑟、擊築、彈琴、鬥雞、走犬、六博、踢鞠者」。可以看出，蹴鞠在當時就已是齊國平民喜愛的休閒娛樂。

《西京雜記》中也有記載：劉邦舉反秦義旗，又經過五年的楚漢爭戰，建立了大漢帝國，把他的父親、母親接到長安城未央宮去歡度晚年。但是老兩口卻整天哭喪著臉，並不高興。於是漢高祖便派人詢問原因。原來，兩位老人在沛郡豐邑過的是平民生活，茶餘飯後的休閒娛樂就是鬥雞、蹴鞠，現在生活改變了，反而不習慣。漢高祖聽說後，立即下令，在長安城東建造了一座新豐城，把豐邑人民全部搬遷過去，劉太公也從未央宮搬到新豐城和老朋友一道過著休閒時鬥雞、蹴鞠的晚年快樂生活。

從這兩個故事中可以看出，至少在戰國時代，蹴鞠在民間就已經廣泛流行了。

到漢代以後，蹴鞠因為具有極大的軍事訓練價值而受到統治者的重視，被列入軍事檢閱項目。《漢書·藝文志》記載，當時還專門著了一本專業書《蹴鞠》，可惜此書在唐代以後就失傳了。

黃帝是否發明足球，目前還無法考證，但有一點可以證明，這種類似於足球的活動在我國古代早就已經存在了。

蹴鞠圖

禹王碑內容之謎

　　在湖南省岳麓山頂的石壁上，鎸立著一塊高1.84米、寬1.40米的大石碑。碑上刻著77個字，每字直徑約0.16米，字體奇古，有如龍蛇行走，又似蝌蚪拳身，似篆非篆。傳說這是為紀念大禹在岳麓山治水而立的禹王碑。

　　相傳四千多年前的洪荒時代，天下被洪水淹沒，大禹為民治水，到處奔波。傳說大禹曾到過南嶽，以岳麓山為營地，帶領長沙先民治好了洪水。長沙先民為感謝大禹，決定在岳麓山頂上為大禹治水立碑記功。當時大禹不肯答應，但在人們的執意要求下，只得答應，可是提出了條件：碑文要刻得奇古，如天文一般，百姓不能相識。於是，長沙先民便將大禹提供的77個字樣，全部刻在岳麓山頂的石壁上，後來就成了禹王碑。

　　禹王碑真的是為紀念大禹治水而鎸刻的？

　　史書記載，禹王碑最初發現於南嶽衡山岣嶁峰，亦稱《岣嶁碑刻》。現在岳麓山頂的禹王碑是宋代嘉定年間由南嶽衡山岣嶁峰摹刻而來，距今約800年歷史。由於衡山至今未發現史傳的禹王碑真跡，所以此碑就成了最古老的禹王碑藍本。

　　禹王碑碑文字形奇古，自明嘉靖年間被發現後，就引起了許多學者的關注。學者們都嘗試著對碑文進行試讀，但對此至今尚無定論。如今能形成一家之言的說法有好幾種，而具有代表性的當屬明代楊慎和當代學者曹錦炎、劉志一的釋文。

1.楊慎說：大禹治水

楊慎是明朝正德年間的狀元，明世宗時曾任經筵講官，博覽群書，當時推為天下第一。曾撰禹王碑釋文：「承帝曰咨，翼輔佐卿。洲諸與登，鳥獸之門。參身洪流，而明發爾興。久旅忘家，宿岳麓庭。智營形折，心罔弗辰。往求平定，華岳泰衡。宗疏事裒，勞余神。鬱塞昏徙。南瀆愆亨。衣制食備，萬國其寧，竄舞永奔。」

楊慎認為該碑就是為了紀念大禹治水的功勞而鐫刻的。此釋文也多被採用為現在禹王碑的釋文。但是禹王碑碑文既不同於甲

大禹

禹王碑

骨鍾鼎文，也不同於籀文蝌蚪文，很難辨認；而我國歷代碑石中尚無夏禹時代的實物例證，所以楊慎釋文也只是一說，難做定論。

2.當代說法：帝王頌詞

許多考釋者在研究時，都沒能突破「大禹治水」的框框，而近年一些學者則認為「禹碑」並非禹碑，其中以杭州曹錦炎和株洲的劉志一等人先後作「岣嶁碑釋文」比較有代表性。

曹錦炎認為，禹王碑是戰國時代越國太子朱勾代表他的父親越王不壽到南嶽祭山的頌詞。而株洲劉志一則認為，禹王碑是公元前611年（楚莊王三年）所立，內容是歌頌楚莊王滅庸國的歷史過程與功勳。

禹王碑獨特奇古的文字，使得歷代學者專家破譯說法不一，至今未能找到令人信服的說法，留下了千古之謎。

司母戊方鼎究竟藏著什麼祕密

2006年7月13日，第30屆世界遺產大會通過中國安陽殷墟入選世界文化遺產名錄。殷墟以獨具風格、規模巨大、規劃嚴飭的宮殿建築和商王陵墓體現出恢弘的都城氣派而卓絕一時；以製作精美、紋飾細膩、應用廣泛的青銅器而聞名中外；青銅冶鑄、玉器製作、製車、製骨、陶器、原始瓷器燒造等手工業高度發達。殷墟豐富的文化遺存從各個方面反映出中國古代高度發達的青銅文明。

殷墟的青銅器中，最著名的當屬司母戊方鼎。

1939年初春的一個上午，河南安陽武官村農民吳希增出現在村北的農田中，他在這個寒冷的天氣出門並不是為了照顧田裡的農作物，而是為了探找文物。那些年，安陽地區沈浸在對殷墟探索的激情中，普通農民吳希增也成為發掘大軍中的一員。

吳希增和在安陽頻繁出入的文物專家學習了一些考古技巧，他熟練地將探桿鑽入十多米深的地下。隨即，他感覺探桿碰觸到了異物，取上來一看，探頭鑽上了某種硬物，卷了刃，還沾著一些綠色腐蝕物。吳希增知道自己探到了寶物，欣喜若狂，立刻找人開挖。那天半夜，在地下沈睡了千年之久的司母戊方鼎從凍結的泥土中露出真容，再次與這個世界親密接觸。

司母戊方鼎讓當時參與發掘的人震驚不已。司母戊方鼎高1.33米，長1.10米，寬0.78米，重達875公斤。

據專家估算，從煉銅的澆鑄、製模到拆範，至少需要130多位工人同時工作。更讓人驚嘆的是，司母戊方鼎中銅、錫、鉛的含量比例與現代所鑄青銅中各成分的比例基本相同，可見幾千年前商朝人的冶煉技術就已經達到了登峰造極的地步。

司母戊方鼎又被稱為司母戊大方鼎，因為它迄今為止是發現的最大的中國古代青銅器。當年吳希增組織了四十多人進行挖掘，他們在挖掘洞洞口搭了一個架子，使用兩條五釐米粗的麻繩都中途斷裂，沒能將鼎提出地面。後來還是採用了在鼎下填土、逐步抬升的方式將鼎挖掘了出來。

鼎是古代烹煮食物的用具，多厚重，通常為圓腹、兩耳、三足，呈盆、盂、斗狀。古代祭祀或典禮時會用鼎向天神祖先呈上烹煮的肉類，慢慢演變成了一種祭祀用具。司母戊方鼎就是一位商王紀念母親所製造的。

司母戊方鼎

司，指皇后、太后；母，指母親；戊，是母親的名字。商代王室都是以干支來命名的，比如商王「武丁」、「盤庚」等。據甲骨文史料載，配偶為「戊」的商王共有4位，分別是大丁、武丁、祖甲、武乙王。

專家通過分析認為，「戊」最有可能是武丁或祖甲王的妻子。司母戊方鼎的樣式、化學成分與商

王武丁的王后「婦好」墓中出土的「司母辛鼎」都非常相似，因而推斷「戊」是武丁的另一位王后。司母戊方鼎很可能是商王武丁的兒子為紀念母親而製造的祭祀用具。

　　司母戊鼎從歷史、工藝上都具有重要意義，是中華文化的一種象徵。2005年，國家在司母戊鼎出土的地點建起了殷墟博物館，在殷墟出土的國寶級精品文物在館中集中展列。

商代婦好墓的主人是誰

最初，殷墟是借甲骨文出現在世人面前的。隨後的幾十年裡，考古工作者對殷墟進行著曠日持久的考古與發掘。1976年殷墟婦好墓的發現，把殷墟考古工作推向了高潮。

婦好墓在宮殿區的西邊。婦好墓深7.5米，在這裡出土了大批隨葬品共計1928件。計有：青銅器400多件，玉器750多件，骨器560多件，以及石器、象牙製品、陶器、蚌器、海螺、海貝等，其中大量的青銅器包括祭祀用的酒具和煮肉器皿，器皿前大多刻有饕餮紋，後面刻有螺旋圖案。

有人認為饕餮紋發源於良渚文化，象徵著從死亡到陰間生活的轉化過程。所有物品製作極其精美，展現出商代所達到的最高工藝水平。該墓中共出土的青銅禮器和樂器上，大部分都鑄有銘文。考古人員根據銘文上出現最多的「婦好」字樣，將這座墓稱為「婦好墓」。

婦好是誰？為什麼她的墓葬沒有在皇家陵區，而是建造在了宮殿區？為什麼她的墓葬如此奢華？幸好有甲骨文的記載可供查詢。

婦好是商王武丁的妻子，她能文能武深受武丁寵愛，多次參與國家大事，為武丁的江山社稷立下汗馬功勞。

婦好文化修養較高，武丁任命她為卜官，主持各種祭祀活動。在尊崇神靈的商朝，主持祭祀是很了不起的事情。婦好還是

我國歷史上第一位有文字可查的女將軍，甲骨文中關於她的記錄有200條之多。

據甲骨文記載，某年夏天，北方邊境燃起戰火，敵人實力強勁，戰事呈膠著狀態。此時婦好主動提出去邊境戰鬥，商王經過占卜，得到吉相，於是同意婦好的請求。那次戰鬥婦好帶兵大破敵軍，威名大振，從此後一發不可收，接連與20多個小國戰鬥都取得了勝利，成為遠近聞名的驍勇戰將。

婦好墓出土的文物中，有一柄大銅鉞，長39.5釐米，刃寬37.5釐米，重9千克。鉞上飾有雙虎撲噬人頭紋，並鑄有「婦好」銘文。能揮舞著如此沈重的兵器在戰陣中拼殺，婦好的勇武可見一斑。

婦好在商王的六十幾位妻子中格外受寵愛。當時的戰鬥規模普遍不大，動輒不過上千人，可據記載，婦好在攻打羌方的時候動用了13000人的兵力，相當於全國兵力的一半，可見商王對她的信任。

甲骨文上稱婦好為「大元帥」，不僅記載了她的彪炳戰功，也記載了她與商王武丁的綿綿情意。武丁信任她、寵愛她，當婦好懷孕生子時，武丁為她擔心憂慮，虔誠地向神靈祈福。由於連年征戰，婦好終因積勞成疾，先於武丁而亡。

武丁很悲痛，破例將她厚葬於宮殿區內，並在墓坑上精築享堂，以作紀念。這也就解釋了為何婦好墓會如此奢華，而且為什麼會出現在了宮殿區，沒有按常規送入墓地埋葬。

但是曾有學者指出，婦好並不是武丁的妻子。

因為有的甲骨文記載了一些卜辭：

「婦好嫁了麼？」

「大甲已經娶了婦好。」

「婦好嫁了麼？」

「成湯已經娶了婦好。」

「婦好嫁了麼？」

「祖乙已經娶了婦好。」

婦好竟然曾先後嫁個過大甲、成湯、祖乙三位商王朝先王，從時間上講，這顯然是不可能的。

另有研究人員指出，商代也有「冥婚」一說。與後世民間的冥婚不同的是，那時的冥婚似乎並不在意雙方的年齡差距。武丁為了讓婦好在另一世界不孤獨，先後將她嫁給了三位前朝賢明的帝王，並且還向巫師求問，婦好是否已經得到了先王的照顧。作為一名痴心的愛人，武丁對婦好的愛讓人感慨不已。

西周甲骨文之謎

　　1976年，陝西省岐山縣鳳雛村周原遺址中出土了一批甲骨文。這批甲骨文與以往不同，上面雕刻的文字特別細小，需要5倍放大鏡才能看清字跡。考古專家們非常疑惑，把文字刻得這麼細小，有什麼特殊的目的嗎？在一個科技落後的時代，又是怎樣完成這樣精細的工作的？

　　這批微刻甲骨文共293片，專家認定，雕刻時間應為周文王晚年到周康王初年。這個時段大約橫跨了四十年，這正是西周從滅商到鞏固政權的時期。

　　這位博學聰慧的諸侯王被紂王在羑里囚禁了多年，在被囚期間做了大量的易學研究工作。《史記》中有「西伯拘羑里，演周易」的記載。等到重獲自由、返回故土後，他著手進行興周滅商的工作。他一方面網羅人才，一方面蒐集殷商的情報。

　　在商王朝的控制下從事此類活動，保密工作一定要做好，微刻甲骨文可能就是在這種情景下產生的。微刻甲骨文所記載的內容主要是商王朝和西周的一些活動，包括占卜、狩獵，等等，多用於分析商周關係，記錄商王行蹤，這也

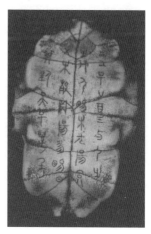

甲骨文

印證了這種論斷。

　　破解了微刻甲骨文的用途，專家們為這種甲骨文的製作方式感到費解。周原遺址出土的微刻甲骨文，最小的一片只有2.7平方釐米，如此小的面積上竟然刻了31個甲骨文字，最小的字直徑不到一毫米。商周時代雖然有骨針，但骨頭製成的針是無法在甲骨上完成雕刻的。那時的人們如何雕刻出這麼細小的文字，一直是一個謎。直到2002年，陝西城固縣寶山村商代遺址燒烤坑發掘出了一枚距今3300年的銅針，謎底才得以揭開。

　　這枚銅針體長約8釐米，尖端非常銳利，末端有孔徑0.1釐米的針鼻。能在如此細小的部位鑽孔，商周工藝技術的發展超乎現代人的想像。銅針自身夠細小、夠硬度，在甲骨上刻字完全沒有問題。

　　刻字工具有了，如何在甲骨上刻上這種微小字跡在沒有放大鏡的年代是一個大難題。

　　據醫學研究發現，一些眼部疾病，能使眼睛具有自動放大物體的功能。譬如黃斑部病變結痂前期、中心性視網膜炎晚期病人眼中的物體都要比實際物體大數倍。而且視力和體力一樣，可以進行鍛鍊。當代的微雕藝人中，也有人能不使用放大鏡進行藝術創作。甲骨文也被稱為爻辭，記錄的多是占卜之事。

　　殷商人崇敬鬼神，專門設有巫史之職進行占卜、天象觀測等。日復一日的天象觀測需要用肉眼追蹤星的動向，久而久之，視力得到大幅提升，並非奇談。巫史是神的僕人，如果有一些巫史患上了黃斑部病變結痂前期等眼病，在一個科學落後、崇尚神明的時代，一定會被當作偉大的神蹟得到讚頌傳揚。

　　敏銳的視覺、雕刻甲骨的技藝、記錄重大事件的需求，三者綜合一處，較好地解釋了微刻甲骨文之謎。

古代為什麼在秋冬行刑處決犯人

在我國古代講究「秋冬行刑」，即凡被判有死罪的人，除謀反大逆等「決不待時」以外，其他的都必須等到秋後才能處決。

秋冬行刑制度最早起源於周朝。《周禮·秋官》中記載刑殺必須選擇適合的日期。而《禮記·月令》中就確定了最理想的刑殺時間：孟秋、仲秋、季秋三月。這三個月即是農曆的七、八、九月，是秋天的三個階段。書中還說，七月是一年之中開始刑殺的時間，不得有絲毫的懈怠；八月可以大興殺戮，但刑殺必須適當；九月是殺戮掃尾的時間，要求司法官吏不得遺漏應該刑殺之囚犯。

那麼，古人為什麼會有「秋冬行刑」的規矩？

古時候，由於科學文化水平的落後，人們還不能夠正確合理地解釋自然界和人類社會的某些聯繫，於是人們便認為在人類和自然界萬事萬物之外存在著一個能支配萬物的造世主。災害、瘟疫、祥瑞、豐年都是上天賜予的，所以人們的一切行為都必須符合天意。設官、立制不僅要與天意相和諧，刑殺、赦免也不能與天意相違背。

四季之中，春夏是萬物滋育生長的季節，秋冬是肅殺蟄藏的季節，這是宇宙的秩序和法則，因此人間的司法也應當適應天意，順乎四時。同時，秋季對應五行中的「金」，金的本性冰冷，從五行中講這時生命沈寂，生命力最低，而且金代表用於砍

伐的工具，是破壞的代表。還有就是秋冬斷獄、行刑，不會耽誤農時。

漢代的時候，儒學大師董仲舒發明了一套「天人感應」理論，他認為「天有四時，王有四政，慶賞刑罰與春夏秋冬以類相應」。以此，他決定帝王應該在春夏季節行賞，在秋冬季節行刑。如果違反天意，會招致災禍，受到上天懲罰。所以，「秋冬行刑」這一習俗就被載入典籍，成為一項法令而一直延續到封建社會滅亡。

雖然封建統治者用法律的形式將「秋冬行刑」的制度固定了下來，但是在司法實踐中，統治者往往又自己踐踏他們的法制。如漢代王莽就曾下令規定，凡行軍過程中疾跑喧嘩的，一律立即處死，不用等到秋冬時行刑。隋朝開國皇帝隋文帝曾經發怒要在六月殺人，當時大理少卿勸其不可在春夏之時誅殺，他卻回答說：「六月雖然是生長月，但此時必然有雷霆之聲。上天既然能在炎熱之夏季震其威怒，我替天而行刑，有什麼不可以的呢？」於是隋文帝便在春夏之時開了殺戒。

其實從這些我們不難看出，「秋冬行刑」的政治實質是統治者用來鞏固其統治的一種手段。他們借天意之名，讓百姓深信他們的這種刑殺手段是上天所賦予的，不能違背天意，進而也不能違背天子的旨意。因此，統治者就可以以天之名，來行使他們的刑殺權力，鞏固統治。

154

和氏璧終歸何處

　　和氏璧究竟為何物？它為何能夠牽動歷代帝王之心？它為什麼在代代流傳之中成為傳國玉璽？和氏璧從哪裡來，現在又去了哪裡？且聽以下分解：

　　《韓非子‧和氏》中有記載：「楚人和氏得玉璞楚山中，奉而獻之厲王。厲王使玉人相之，玉人曰：『石也』。王以和為誑，而刖其左足。及厲王薨，武王即位。和又奉其璞而獻之武王。武王使人相之，又曰：『石也』。王又以為誑而刖其右足。武王薨，文王即位，和乃抱其璞而哭於楚山之下，三日三夜，泣盡而繼之以血。王聞之，使人問其故，曰：『天下刖者多矣，子奚哭之悲也？』和曰：『吾非悲刖也，悲夫寶玉而視之石也，忠貞之士而名之以誑，此吾所以悲也。』王乃使玉人理其璞而得寶焉，遂命曰：『和氏璧』。」

　　說的是一個叫做卞和的楚國人，他某日在荊山中找到一塊未經加工的玉石，欣喜若狂。於是他捧著寶貝向厲王獻上，並說這是一塊寶玉。楚厲王叫鑑定玉石的人觀察以後，鑑寶人說這只是一塊石頭。厲王於是大發雷霆，讓人將卞和的左腳砍去，以罰其欺君之罪。後來武王繼位之後，卞和又跛著腳去把玉石獻給楚武王。武王的玉工看後也說這是石頭，於是卞和的右腳也被砍掉。等到文王繼位之後，卞和仍舊不甘心一塊傳世之玉就此被埋沒。他抱著玉石在山下哭了整整三天三夜，甚至眼淚都流成了血。楚

文王聽到後便派人去問緣由，以為卞和是因為失去雙腳而哭泣。後來卞和說他是因為無人識玉而痛苦萬分。楚文王聽此後萬分感動，於是命令鑒定玉石的專家仔細檢測，終於得出結論：這是一塊寶玉。因卞和所發掘，於是便命名此玉為和氏璧。

以上就是和氏璧的來由，那麼和氏璧又是怎樣失蹤的呢？

楚威王將和氏璧作為獎賞賜予昭陽丞相。然而不幸的是，丞相府居然在後來失竊，致使和氏璧不知去向。大概是偷兒將其輾轉到了趙國，後來和氏璧歸了趙慧文王。秦王聽說趙王擁有一寶後也想得到和氏璧，便派人拿十五座城池與趙王交換。雖然也有藺相如完璧歸趙之說，但是秦王借著自己國家強大的勢力，最終還是將寶物據為己有。相傳，在秦滅六國，統一中國之後，秦王將和氏璧做成了玉璽，並且刻上了「受命於天，既壽永昌」八字。之後史料中就再也沒有和氏璧的記載，它的流傳也蒙上了一層神祕的面紗。

關於和氏璧如今的去向，有人說它早已作為秦始皇的隨葬被掩埋了，也有人說和氏璧是被項羽拿走，後來下落不明。

近年來聽說和氏璧流傳到了日本，但是仍舊不能考證。無論如何，和氏璧因卞和而得其名，經歷代皇帝之手後聞名於世。雖然它至今還是下落不明，但是它從古至今的流傳以及關於它廣為人知的故事，這些就已經足夠令人去遐想、去體味了。

銀雀山漢簡是誰人所製

1972年4月，山東臨沂縣衛生局的工作人員來到了古城城南兩座低矮的小山上進行基本建設。這兩座山距離很近，景致卻有著明顯的不同。每到夏季，一座山上開滿了金雀花，而另一座山則開滿銀雀花，因此人們稱它們為「金雀山」和「銀雀山」。

施工過程中，工人們在銀雀山上發現了古代墓葬。

經專家勘察證實，這裡是一處規模很大的漢代墓葬群。隨之，考古工作者發掘了其中的兩座墓葬，並將其編為「一號漢墓」和「二號漢墓」。

這兩座漢墓中的陪葬物種類很多，有陶器、銅器、漆木器等，其中最重要的就是夾雜在陶器和漆木器中間的大量竹簡。由於長年埋在地下，不斷被雨水浸泡，再加上器物擠壓，編綴竹簡的繩子早已腐朽，竹簡非常散亂，有些都已經扭曲變形，顏色也變成了深褐色，幸而，上面的字跡大部分還能辨認。最後，經過考古人員的認真清理，兩座墓中共出土了竹簡近5000片。

出土的竹簡分長短兩種，竹簡長的達27.5釐米，短的也有18釐米，它們的寬度一樣，都是0.5釐米。每片竹簡上書寫了20至40個字，內容相當豐富。

秦始皇焚書坑儒使先秦文獻付之一炬，史學家們每次從民間覓得一些前秦文獻的蹤跡都倍感珍貴。

銀雀山墓葬發掘出如此大量的、有價值的竹簡，在考古史上

具有里程碑式的意義，被譽為中國當代十大考古發現之一。

重大發現讓人們欣喜，疑問也隨之而來：墓主人究竟是什麼人，為什麼要使用如此之多的竹簡陪葬？

有人根據竹簡所記錄的內容推測，墓主人很有可能是一位將軍。銀雀山漢簡絕大部分是古代兵書，有《孫子兵法》、《孫臏兵法》、《六韜》、《尉繚子》等20多篇著作，這些著作中還有不少是佚書或是首次被發現的古代書籍。而且，《孫子兵法》和《孫臏兵法》同時出土，說明這兩部兵法至少在西漢早期就已經成為獨立成篇的軍事著作，也證實了司馬遷在《史記》中關於孫武是齊國人，他把兵書十三篇獻給吳王闔廬；以及孫武死後百餘年，又有了孫臏，齊國大將田忌把孫臏推薦給齊威王，齊威王向孫臏問兵法，然後拜他為軍師的記載。

銀雀山漢墓中出土的《孫子兵法》竹簡是中國迄今為止發現的最古老的版本，說明古代的《孫子兵法》是13篇，而不像有些古籍記載的那樣共有82篇。竹簡的發現也讓早已失傳的《孫臏兵法》的內容大白於天下。

銀雀山漢簡

試問，一個與軍事無關的人，怎麼會費盡心思蒐集如此之多、如此珍貴的軍事學資料？如果此人僅僅是一位普通軍事愛好者，他又何來此財力、此人力完成如此高難度的蒐集工作？

銀雀山漢墓出土的竹簡，幾乎可以陳列一個兵書博物館，這顯然不是普通人能夠做到的。

還有一種說法認為，銀雀山漢墓的主人應該是一位藏書家。從考古發掘工作來

看，墓中除了大量的寶貴竹簡，幾乎看不到其他的奢華的陪葬物。如果墓主人是一位將軍，墓室必然修的高大豪華，陪葬物會非常豐富，銀雀山漢墓的實際情況卻不是這樣，過於寒儉了。從墓中也沒有發現能證明主人高貴身分的陪葬物、文獻等。

　　銀雀山漢墓的竹簡字體接近秦末漢初，這個時段中國正是戰亂頻繁的年代，人們的物質生活都得不到保證，很少會有人去關注文化保護工作。珍貴的文獻很有可能在戰亂中遺落或者被戰火焚毀。因而有專家得出了大膽的推斷：墓主人很可能繼承了家傳藏書，為了保護這些珍貴的文物，他將它們藏匿進了墓穴中。也許，早在墓主人進去墓穴安眠之前，這些竹簡就已經被埋藏在地下了，因而它們逃過了千年來的場場兵災戰火，能將古時代失落的文化重現在我們面前。

越王劍之謎

1965年，一支考古隊在挖掘春秋古墓時，意外發現了一把沾滿泥土的長劍，其劍身刻有八個古篆字。專家學者們在對古篆進行研究後，發現是「越王勾踐，自作用劍」。原來這是春秋時期越王勾踐的劍。

這把劍全長為55.6釐米，其中劍身長45.6釐米，劍寬5釐米。劍身滿飾黑色菱形幾何暗花紋，劍格正面和反面還分別用藍色琉璃和綠松石鑲嵌成美麗的紋飾，劍柄以絲線纏縛，劍首向外形翻卷作圓箍，內鑄有極其精細的11道同心圓圈。越王劍拔劍出鞘時，寒光耀目，而且毫無鏽蝕，依然鋒利無比，20多層的複印紙，劍從中間「唰」一聲一劃全破。

一把在地下埋藏了2000多年的古劍，居然毫無鏽蝕鋒利無比，這一發現立即轟動了全國甚至是世界。人們無不好奇，越王劍千年不鏽的原因是什麼？

研究者對其做過一次質子X熒光非真空分析，發現劍表面黑色花紋處含有0.5%的硫量、劍格表面含有0.9%～5.9%的硫量。因此，有人認為越王劍千年不鏽的原因是因為劍身經過了硫化處理。

那麼越王劍的表面是否採用過硫化處理的工藝？有些研究者給出了否定答案。

首先，硫化銅是一種結構並不致密的物質，在用劍時，人的

手指會經常摸到劍格，從而很快就將該處的硫化銅抹去，既如此，還有必要進行硫化處理？

其次，越王劍出土時不是絕對的沒有生鏽，只是其鏽蝕的程度十分輕微，人們難以看出。其出土後一直放在囊盒中妥善保管，但是現在該劍的表面已不如出土時明亮。與它同時期的吳王夫差矛，在出土時其青銅表面已布滿了綠色的鏽層。說明越王劍千年不鏽，與它自身因素應該不是很大。

最後，春秋戰國時期統治者們的墓葬中都會有大量的陪葬品，情況十分複雜。那些屍體、絲綢衣物、食物等腐爛後都會產生相當多的硫化物，或許這才是越王勾踐劍上硫的來源，並不是特別的硫化處理技術。

目前，學術界所認可的越王劍千年不鏽的原因主要有以下三點：

第一，通過現代科學技術測試，人們發現越王勾踐劍的含銅量約為80%～83%、含錫量約為16%～17%，另外還有少量的鉛和鐵，可能是原料中含的雜質。作為青銅劍的主要成分銅，是一種不活潑的金屬，在日常條件下一般不容易發生鏽蝕，這是越王勾踐劍不鏽的自身因素。

第二，越王劍埋葬的墓葬深埋在數米的地下，一槨兩棺，層層相套，槨室四周用一種質地細密的白色黏土、考古學界稱之為白膏泥的填塞，其下部採用的還是經過人工淘洗過的白膏泥，致密性更好。加上墓坑上部經過夯實的填土等原因，使該墓的墓室幾乎成了一個密閉的空間，這麼多的密封層基本

越王劍

上隔絕了墓室與外界之間的空氣交換。還有該劍出土時插在髹漆的木質劍鞘內，與空氣接觸、氧化的可能性更小了。所以這就是越王劍千年不鏽的外部環境因素。

第三，該墓處在荊州附近的漳河二乾渠上，地下水位較高，該墓的墓室曾經長期被地下水浸泡，地下水酸鹼性不大，基本上為中性。在地下水浸泡下，墓室內空氣的含量更少。所以這是越王勾踐劍不鏽的又一外因。

越王劍穿越了兩千多年的歷史長河，不但沒有鏽蝕而且依然鋒利無比，無疑是我國青銅短兵器中罕見的珍品。

勾踐劍和吳王矛為何在湖北出土

　　1965年冬天，在湖北省荊州市附近的望山楚墓群中，出土了一把鋒利無比的寶劍。上面用鳥篆銘文刻了八個字，「越王勾踐，自作用劍」。專家通過對劍身八個鳥篆銘文的解讀，證明此劍就是傳說中的越王勾踐劍。

　　1983年，湖北江陵馬山5號楚墓出土了「吳王夫差矛」。夫差矛長29.5釐米，製作精良，器身布滿菱形的幾何花紋，下部鏨刻金銘文「吳王夫差，自乍自甬」，「乍」即「作」，「甬」即「用」。夫差矛正背兩面都裝飾有精美的獸紋鼻，脊部鑄有出血槽，無論從做工還是精美程度上，都與越王劍不相上下。

　　夫差矛與越王劍都被湖北省博物館館藏，展櫃相鄰。這對春秋時代的傳奇寶物千年前曾在戰場上搏殺，千年後卻以這種方式再次相遇。

　　人們感到疑惑，既然是吳王與越王用過的兵器，那麼它們為什麼出土於地處長江中游的楚國墓葬中呢？它們為何沒有留存在吳越故地，卻埋藏在千里之外的楚國貴族墓葬中呢？

　　吳國被越國所滅，越國為楚國所滅，有人認為，吳王矛是在越滅吳時被當作戰利品繳獲到越人手裡，在楚國滅亡越國的戰爭中，又與越王劍同為戰利品流入了楚國貴族手中。楚國貴族死後，把它

吳王矛

們作為陪葬品伴隨身邊。

　　還有人認為，越王劍是越女嫁給楚國時的陪嫁品。因為歷史上記載，越王勾踐的女兒是楚昭王的寵姬。根據望山楚墓群出土的大批竹簡得知，該墓入葬的年代為楚威王或楚懷王前期，所以說越王勾踐青銅劍是因贈送而自越傳入楚地，是很有可能的。

　　越王劍與吳王矛到底是友好時贈送的禮品，還是戰爭時繳獲的戰利品，至今仍是歷史上的一個謎，引發了後人無限的猜測與遐想。

誰是中國釀酒的始祖

據考古發現，中國的釀酒文化已有五千多年的發展歷程，可以追溯到遠古的龍山文化時期。中國的釀酒不僅歷史悠久，品種也繁多，人們在品味著味美香甜的酒時，對誰是釀酒的鼻祖產生了濃厚的興趣。

儀狄，相傳為夏禹時期人，史籍中記載「酒之所興，肇自上皇，成於儀狄」。認為自上古三皇五帝時候起，酒便已流行起來，儀狄總結了各種釀酒的方法，使之流傳於後世，故而稱之為「始祖」；也有人認為儀狄釀造了一種由糯米發酵而成的酒，早於杜康酒的存在，於是被認為是釀酒的創始人。

「概當以慷，憂思難忘。何以解憂？唯有杜康。」曹操的一首《短歌行》讓我們知道了杜康是酒的代名詞，越來越多的人也認為，杜康便是中國釀酒的祖先。

關於杜康的身世，民間有很多的說法，一說認為杜康為禹的後代，是夏朝的第五位皇帝，其母親在政變中帶著尚未出世的杜康逃亡到了虞，生下之後，取名為少康。兒時的杜康常年放牧，經常把帶的米飯掛在樹上而忘了吃。有一次，杜康無意間發現久掛在樹上的飯竟然流出了汁，他忍不住舔了舔，竟然異常的美味，於是他經過反覆的研究和實驗，發現了發酵的原理，並且創造出了一套釀酒的工藝技巧，因此人們尊崇他為釀酒始祖。

另一說杜康是黃帝管理糧食的部下，為了使糧食不至於霉

壞，他掏空枯樹的樹幹，把糧食藏於其中。

　　一段時間過後，糧食便發酵了。他在一次查糧時，發現一些山羊和野兔低著頭在儲糧的樹旁吮吸著什麼，一會又跌跌撞撞地走開了，走了不遠便躺倒在路邊。杜康十分好奇，湊近枯樹，發現樹裂開了一條縫，從裡面不斷地冒出水來，他忍不住地嘗了一口，便被這醇美的味道吸引住，於是他報告黃帝，大臣倉頡為此造字「酒」，而杜康也從此走上了釀酒之路。

　　也有說杜康生於陝西省東北部的白水縣，《白水縣誌》中記載「杜康，字仲宇，為我縣康家衛人，善造酒」。

　　有人認為在儀狄、杜康之前就有酒的存在，而他們兩人只能算是釀酒技術的革新者，並不是釀酒的發明者，稱不上是釀酒的始祖。

秦始皇陵墓九大謎團

一代帝王秦始皇的萬世皇帝夢雖然只存在了15年，但是由他建立起來的各種制度卻影響了中國數千年。秦始皇死後，他的始皇陵寢也因眾多未解之謎而備受世人關注。

近年，考古學家們已經對秦始皇陵地宮外進行發掘，但那幽深莫測的地下宮殿卻是謎團重重，千百年來引發了許多專家學者的猜測與遐想。地宮到底是怎樣的結構？地宮內藏有多少奇器珍寶？始皇帝是銅棺石槨還是木棺木槨？始皇帝的屍骨是否完好無損……這一系列的謎團無不困擾著專家學者。

謎團一：地宮到底有多深？

秦陵地宮為豎穴式構建，那麼幽深而宏大的地宮究竟有多深呢？司馬遷說「穿三泉」，《漢舊儀》則言「已深已極」，說明深度挖到不能再挖的地步。國內外許多學者對此都進行了相關研究，我國文物考古、地質學界專家學者對其深度也進行了研究探索，推算地宮坑口至底部實際深度約為26米，至秦代地表最深約為37米。這個數據是依據目前勘探結果推算而得，應當說不會有大的失誤。但是否如此尚有賴於考古勘探的進一步驗證。

謎團二：地宮有幾道門？

秦陵地宮當年建造了幾道墓門呢？《史記》中記載：「大事

畢，已藏，閉中羨，下外羨門，盡閉工匠藏，無復出者。」這裡既有中羨門又有外羨門，那麼內羨門不言自明。地宮三道門似乎無可辯駁。2002年，考古學家通過在地宮中放入機器人來探測地宮內部空間。當考古學家從第一道石門洞口將機器人放進去後，想不到機器人又碰上了一道石門，因此這一工程只好擱淺。

謎團三：「上具天文」是什麼意思？

《史記》記載秦陵地宮「上具天文」，其含義是什麼呢？夏鼐先生推斷「應當是在墓室頂繪畫或線刻日、月、星象圖」。近年來，西安交大漢墓發現了類似的「天文」「地理」壁畫，上部是象徵天空的日、月、星象，下部則是代表山川的壁畫。由此學者們推斷，秦陵地宮上部可能繪有更為完整的二十八星宿圖。

謎團四：地宮為何埋有「水銀」？

《史記》、《漢書》曾記載始皇陵以水銀為江河大海，然而陵墓中究竟有沒有水銀始終是一個謎。地質學專家曾先後兩次到始皇陵採樣，經過反覆測試，發現其封土土壤樣品中果然有「汞異常」，而其他地方的土壤樣品幾乎沒有汞含量。科學家由此得出初步結論：《史記》等關於始皇陵中埋藏大量汞的記載是可靠的。那麼為何要埋入大量水銀？北魏學者酈道元的解釋是「以水銀為江河大海在於以水銀為四瀆、百川、五嶽九州，具地理之勢。」

謎團五：地宮有多少珍寶？

司馬遷曾說秦陵地宮「奇器珍怪徙藏滿之」，他之前的大學者劉向也曾感嘆：「自古至今，葬未有如始皇者也。」那麼，這

座神奇的地宮珍藏了哪些迷人的珍寶呢？上世紀80年代末考古工作者在地宮外發掘出了大型彩繪銅車馬，車馬造型準確，裝飾精美，有的馬飾件是金、銀、銅鑄造而成，舉世罕見。地宮外側居然珍藏了如此之精美的隨葬品，那麼地宮內隨葬品之豐富、藏品之精緻是可想而知的。

謎團六：秦始皇的棺是銅的？木的？

秦始皇使用什麼樣的棺槨？有學者根據司馬遷留下的「下銅而致槨」記錄，推測秦始皇使用的是銅棺。但是《史記》、《漢書》中有記載「冶銅錮其內，漆塗其外」、「披以珠玉，飾以翡翠」、「棺槨之麗，不可勝原」。這裡「漆塗其外」、「飾以翡翠」的棺槨，恐怕只能是木質的了。如果是銅棺或石棺肯定用不著漆塗其外。

謎團七：地宮裡還有沒有空間？

秦代李斯曾對秦始皇說：「鑿之不入，燒之不燃，叩之空空，如下無狀。」根據李斯的這段話，地宮明顯有個外殼。因為李斯曾親自主持過陵墓工程，對地宮的構造應該了如指掌，加之這段話是當面向聖上彙報的，按理他的話不會有假。雖然如此，但由於考古勘探尚未深入到地宮的主要部位，所以地宮內部究竟是虛是實目前還是個謎。

謎團八：自動發射器

秦始皇在防止盜墓方面也苦費心機。《史記》記載：秦陵地宮「令匠作機弩矢，有所穿進者輒射之。」指的是這裡安裝著一套自動發射的暗弩，當外界物體碰到弓便會自動發射。如果記載

屬實的話，這就是中國古代最早的自動防盜器。幾千年前的秦代何以生產如此高超的自動發射器就成為一個大謎團。

謎團九：秦始皇遺體是否完好？

長沙馬王堆漢墓「女屍」的發現，讓人們開始質疑秦始皇遺體是否完好地保存下來呢。若單從遺體保護技術而言，和秦代相距不足百年的西漢女屍能很好地保存下來，秦代也應具備保護遺體的防腐技術。但秦始皇卻是死在出巡途中，而且更糟的是正值酷暑時節，直到回到咸陽才下葬，中間隔近兩個月。想必秦始皇的遺體在途中就開始腐敗了，屍體運回咸陽恐怕早已面目全非了。據此推測秦始皇遺體保存完好的可能性很小。

以上九個謎團只是秦陵地宮眾多謎團中的冰山一角。隨著我國考古研究工作的深入和高科技探測技術的實際運用，秦陵地宮終有一天將再次震驚全世界。

秦始皇陵坐西朝東之謎

　　秦始皇陵位於陝西臨潼縣城以東5公里處，南靠驪山，北臨渭水。秦始皇13歲繼承王位，就開始為自己營造陵墓，歷時36年，耗費很甚，高聳的丘冢被視為皇權顯赫的象徵，更開創了統治者厚葬之先河。

　　可令人奇怪的是，我國歷代帝王之陵大部分坐北朝南，以示死後也要君臨天下，可始皇陵卻坐西向東，這是為什麼？

　　史學界對此眾說紛紜，莫衷一是，主要的觀點有三個。

　　第一，秦始皇陵之所以朝東，與秦始皇的雄心壯志有關。秦國在「戰國七雄」中處於西部，秦王嬴政為了表示自己一定要征服東方六國的決心，在初建陵墓時就決定朝東建造。後來秦統一了六國，為了使自己死後仍能注視著東方六國、永葆千秋萬代子孫，防止六國的顛覆，始皇帝矢志不改陵墓的設計建造的初衷，所以我們看到的陵墓是東西朝向，顯示著這位君王無限的霸主野心。

　　第二，秦始皇陵之所以朝東，與他生前無法覓到不死之方、死後也要閉著雙目瞻矚東溟，以求神仙引渡天國有關。眾人皆知，秦王好道。縱觀秦始皇一生，他為了得道成仙、長生不老，派遣徐福東渡黃海，尋覓蓬萊、瀛洲諸仙境，並多次親自出巡。他還曾東臨碣石，南達會稽，在琅琊、芝罘一帶流連忘返，這一切無不昭示其對仙境的迫切嚮往。可是，徐福一去不返，自己多

次東巡也無法到達日夜思念的仙境，秦始皇的願望終成泡影。於是秦始皇決定生前雖不能如願，但死後也要面朝東方，以求神仙引渡而達於天國仙境。基於暮年的秦始皇這一最大的願望，秦始皇陵也就只能坐西向東以償夙願了。

第三，秦始皇陵之所以坐西向東，與秦漢之際的禮儀內容有關。根據有關文獻記載，當時從皇帝、諸侯到上將軍，乃至普通士大夫家庭，主人之位皆坐西向東。《禮儀·土冠禮》云：「認主人東西（面向東）答拜，乃宿賓」；《史記》中《項羽本紀》在記載鴻門宴時，也說「項王、項伯東向坐，亞父南向坐。沛公北向坐，張良西向侍。」這些都是當時主人面向東坐的禮儀實例。這樣看來，秦始皇生前是天下之主，天下唯其獨尊，為了保持「尊位」，死後的陵墓理所當然地也要坐西向東了。

秦始皇陵為什麼坐西向東，對後世來說一直是個謎。而根據考察，人們發現陝西境內已發掘的917座秦墓中，絕大部分都是東西向的。秦公陵園的32座大墓，也全部面向東方。坐西向東似乎是秦人葬式的一個特點。但是秦人陵墓為什麼要坐西向東？秦始皇陵墓與之有沒有什麼聯繫？目前在學術界還沒有定論。

歷代帝王追求的甘露是什麼

甘露是中國文化傳說中的一種非常神聖的物質，被尊為天酒、神漿，「其凝如脂，其甘如飴」，據說食用了甘露能使人活到八百歲。「天降甘露」也是一種吉祥的象徵，據說「天下升平則甘露降」，這些傳說中晶瑩剔透的珠狀物，竟然是與麒麟、龍、鳳等並駕齊驅的祥瑞。

歷代帝王無一不追求長命百歲，對甘露情有獨鍾。現代人往往是通過歷史故事知曉甘露的大名。

唐文宗時，宦官控制朝政，其中以王守澄勢力最大。文宗不甘心將江山落在一個宦官手裡，暗暗謀劃除掉王守澄。文宗發現右領軍將軍仇士良與王守澄不合，就提升他做左神策軍護軍中尉。他還重用李訓、鄭注等人培植自己的勢力。等到勢力壯大一些後，他任命王守澄為左、右神策軍觀軍容使，此舉為明升暗降，奪了王守澄的軍權。之後文宗又用毒酒毒死了王守澄，將其黨羽一網打盡。

王守澄雖死，宦官勢力仍是朝廷大患。這位皇帝遂定了一個誘捕計劃，誘餌就是傳說中的吉祥之物甘露。

一天上朝時，文武百官剛剛站好，左金吾衛大將軍韓約就急急忙忙趕來報告，說左金吾廳後院石榴樹上發現了甘露。這可是千古稀有的吉祥之兆，文武百官下拜稱賀。其實，根本就沒有什麼甘露，這是文帝與韓約提前設計好的謊言。

文帝假裝親自去看這「天之祥瑞」，並讓想要除掉的宦官仇士良先去探看。仇士良非常機警，進入金吾廳後，他看到韓約神色緊張，就提高了警覺。隨後偏偏起了一陣大風，颳起了院子裡的帳幕，讓仇士良看到了手執兵器全副武裝的士兵。仇士良見勢不好，帶著一批宦官慌忙逃回大殿。

此時，金吾衛已經登上大殿，與宦官們開始了拼殺。宦官們召集來軍隊，挾持皇帝逃入後宮，殺敗金吾衛。這個事件就是史稱的「甘露之變」。

與甘露有關的故事，較為有名的還有「甘露寺」。劉備向孫權借了荊州不想歸還，周瑜就設計以孫權嫁妹為誘餌，騙劉備上鉤，扣為人質，逼迫其歸還荊州。周瑜選取的實施計劃的地點就是甘露寺。故事的結局人們耳熟能詳，在諸葛亮的神機妙算下，東吳這位孫先生「賠了夫人又折兵」，而「甘露寺」真的成就了劉備的姻緣。

甘露寺不僅名字與甘露有關聯，其建寺時間亦是「東吳甘露元年（公元265年）」。

甘露吉祥、神祕，被歷代帝王尊崇。以甘露為年號的並非東吳一家，漢宣帝劉詢、吳國歸命侯孫皓、西晉前秦苻堅等都曾經使用甘露作為年號。

甘露到底是什麼東西？世界上真的有甘露這種物質嗎？

其實平時我們生活中也能吃到甘露，是一種外表似田螺的植物根莖，常被製作成醬菜，亦可供藥用。這種甘露雖然與帝王們的愛物名字一樣，但顯然此物非彼物。

據史料載，甘露是「天酒神漿」，會於晨曦初現在植物上。明代學者杜鎬經過研究下結論說：「此多蟲之所，葉下必多露，味甘，及是蟲之尿也。」杜鎬認為，被傳的玄之又玄的甘露，不

過是小蟲的尿！植物上多生蚜蟲、地蚤、母虱、油蟲等小蟲，小蟲排泄物晶瑩剔透，狀若明珠。而且蚜蟲尿液本身帶有甜味，一些螞蟻種群甚至會專門飼養蚜蟲，食用味道甘美的排泄物，如同人類飼養奶牛一般。

如果哪些植物上小蟲較多，排泄物匯聚在一起，在晨光中看起來就像是晶瑩剔透的露水一般。有人好奇品嘗，發現味道甘甜，於是「甘露」之名就傳開了。

帝王們追求了千百年的祥瑞、靈藥，竟然是蟲子尿，這真是讓人哭笑不得。想想當年，漢武帝曾經專門在建章宮內建造了高達七米的銅仙承露盤，倘若漢武帝知道真相，又當作何感想呢？真相往往是不會被人輕易接受的。

杜鎬早在明代就破解了謎團，可是甘露的傳說依然被人們一廂情願地相信著。今天去北海公園瓊島西北半山上，依然能看到乾隆帝建造的銅仙承露盤。

汗血馬之謎

　　「汗血馬」一詞，最早見於西漢司馬遷所著的《史記》中的《大宛列傳》裡。史書記載汗血馬「日行千里」，又名「大宛馬」、「天馬」，漢武帝為爭奪汗血馬種，曾與當時的大宛發生過兩次大的血腥戰爭。

　　汗血馬的故事流傳了一千多年，傳說它前脖部位流出的汗是血色的。那麼，汗血馬真的存在嗎？為何「流汗如血」？是否真的「日行千里」？

　　近日，一位日本專家宣稱，他在中國新疆天山發現了汗血馬的蹤跡，並拍下此馬「汗如鮮血」的照片，將在東京馬匹研究會上向世人公布這一發現。消息傳出，立即引起中國專家的反應。

　　對於日本人的發現，我國專家回應「汗血寶馬並沒有消失，一直存在」，目前在土庫曼斯坦和俄羅斯還有上千匹汗血寶馬，只不過在當地汗血馬被稱為阿哈馬。

　　純種阿哈馬都是有登記的，但在土庫曼斯坦和伊朗一帶存在不少無登記的「土種」和「原科」阿哈馬，在新疆馬術隊和內蒙古的牧場就飼養有百餘匹。因此日本人發現的汗血馬可能是流入我國的「土種」阿哈馬或雜種阿哈馬。

1.「流汗如血」，是傷氣，是寄生蟲，還是視覺誤差？

　　傳說中，汗血馬頸部上方流的汗就如同鮮血一樣，可這是為

什麼？

　　一般馬在高速奔跑時體內血液溫度可以達到45℃到46℃，但牠頭部溫度卻恆定在正常的40℃左右。因此有學者認為，汗血馬毛細而密，毛細血管非常發達，在高速奔跑之後，頭部的溫度隨著血液增加5℃左右，少量紅色血漿從細小的毛孔中滲出來，就有了「流汗如血」的可能。

　　還有學者認為汗血馬「汗血」是受到寄生蟲的影響。清朝人德效騫在《班固所修前漢書》一書中就有解釋：這只不過是馬病所致，即一種鑽入馬皮內的寄生蟲，這種寄生蟲尤其喜歡寄生於馬的臀部和背部，馬皮在兩個小時之內就會出現往外滲血的小包。傳說，土庫曼斯坦有一條神祕的河，凡是喝過這裡河水的馬在疾速奔跑之後都會流汗如血，如今這條河卻無從尋找。這種「寄生蟲」到底是何方神聖現在也無人知曉。

　　而對這種說法，有人提出質疑。如果是寄生蟲引起了汗血寶馬流汗如血，那牠為什麼不隨時流汗如血，而偏在疾速奔跑之後流？

　　有人對汗血馬進行考察，發現馬汗一般是白色的，呈泡沫狀，並不是像血一樣。於是有人提出一種猜測：「流汗如血」僅僅是一種文學上的形容。馬出汗時往往先潮後濕，對於棗紅色或栗色毛的馬，出汗後局部顏色會顯得更加鮮艷，給人感覺是在流血，而馬肩膀和脖子是汗腺發達的地方，這就不難解釋為什麼汗血寶馬在疾速奔跑後肩膀和脖子流出像血一樣

汗血馬

鮮紅的汗。

2. 汗血馬日行千里？

據文獻記載，汗血馬能夠「日行千里」。不過，對此許多專家質疑。

一般的馬只能日行150公里左右，最多日行200多公里。中國古代利用快馬傳遞軍事信息的驛站，號稱「五百里加急」，恐怕最長的驛站也沒有250公里。即使古代計程單位是今天的十分之一，馬一天跑400公里，在今天看來也是不可能的。所以「日行千里，夜行八百」只是傳說。

現在社會上公認的速度最快的馬是純血馬，1分鐘能跑1000公尺，但這樣的速度也只是在訓練場或賽馬場堅持一兩分鐘，時間一長，馬就可能會累死。

對現代人來說，汗血寶馬已經不再只是史書上的神話。目前，世界各國的研究者都試圖重新發現或培育出新的「汗血寶馬」，利用原有阿哈馬種速度快、體質好等優點與別的馬雜交，生產出更加出色的馬。

「身分證」古已有之

現在人們所使用的身分證，是用於證明持有人身分的一種證件，多由各國或地區政府發行於公民。

大陸在1984年4月6日開始頒發第一代居民身分證，到2004年3月29日，大陸開始正式為居民換發內藏非接觸式IC卡智能芯片的第二代居民身分證。第二代身分證採用了數字防偽措施，存有個人圖像和信息，可以用於機器讀取。

身分證是到現代社會才有的？其實不然，在我國身分證古已有之，但它的起源卻是官員的識別符號。

隋唐時期，我國出現了最早的「身分證」。當時的朝廷發給官員一種類似身分證的「魚符」，它是用木頭或金屬精製而成的。其形狀就像魚，分左右兩片，上鑿小孔，以方便繫佩。「魚符」上面刻有官員姓名、任職衙門及官居品級等。那時，凡親王和三品以上官員所用「魚符」都是用黃金鑄製的，以顯示其品位身分之高；五品以上官員的「魚符」為銀質；六品以下官員的「魚符」則為銅質。五品以上的官員，還備有存放「魚符」的專用袋子，稱之為「魚袋」。

當時，「魚符」的主要用途是證明官員的身分，便於應召出入宮門驗證時所用。因為品級不一樣，「魚符」的材質也不一樣，所以它也是當時官員身分高低的象徵。因此有「附身魚符者，以明貴賤，應召命」之說。

到武則天時，「魚符」被改成形狀像龜的「龜符」，但用途與「魚符」一樣。到宋代，「魚符」被廢除，但仍佩帶「魚袋」。至明代，改用「牙牌」，這是用象牙、獸骨、木材、金屬等製成的版片，上面刻有持牌人的姓名、職務、履歷以及所在的衙門，它與現代意義上的卡片式身分證已經非常接近了。

　　明人陸容《菽園雜記》中有記載，牙牌不但官員要懸帶，「凡在內府出入者，無論貴賤皆懸牌，以避嫌疑」。

　　由此可知，明代身分證的用處已不僅局限於在朝官員，並開始向中下階層發展了。

　　到清代，這種身分制度有了大的改變，各階層的身分以帽子上的頂子（帽珠）來證明，其帽珠用寶石、珊瑚、水晶、玉石、金屬等製成。如果是秀才，可佩銅頂；若為一品大員，則佩大紅頂子。一般百姓帽上無頂，只能用綢緞打成一個帽結。一些富商、地主為求得高身分，常用數目可觀的白銀捐得一個頂子，由此而出現了「紅頂商人」、「紅頂鄉紳」一類怪事。

　　中國最早的身分證制度，應該是1936年，民國寧夏省政府所制定的「居民證制度」。1933年，馬鴻逵被中央政府任命為寧夏省政府主席。為了加強統治，他建立保甲制，開始在全省清查戶口。1936年，為了抵禦紅軍，寧夏制定出各種反共防共之策，發收「居民證」便是其中一種。居民凡15歲以上的男女一律要佩帶居民證。

　　這個「居民證」上面寫有姓名、年齡、籍貫、職業、身長、面貌、特徵以及手紋箕斗形狀等項，雖與後來的國民身分證尚有不同，但已具備了身分證的各項要素，應當是現代身分證最早的雛形。

金縷玉衣之謎

　　據《西京雜記》記載，漢代帝王下葬都用「珠襦玉匣」，形如鎧甲，用金絲連接。所謂「珠襦玉匣」，就是金縷玉衣。因身分地位的不同，金縷玉衣連綴玉片所用縷絲的材質也有金縷、銀縷、銅縷和絲縷的差別。由於金縷玉衣象徵著帝王、貴族的身分，所以對其製作工藝的要求非常嚴格。

　　漢代的統治者還設立了專門從事玉衣製作的「東園」。製作玉衣時，所用的玉料要經過開料、鋸片、磨光及鑽孔等程序，再把玉片按照人體的不同部分設計成不同的大小和形狀，有正方形、長方形、半月形、三角形等，大的有9平方釐米，小的還不到1平方釐米。然後用金線穿過這些玉片四角的小孔，將所有玉片連綴在一起。

　　按照2000多年前的生產力水平，製作一件中等型號的玉衣所需的費用相當於當時一百戶中等人家的家產總和。就拿滿城漢墓出土的金縷玉衣來說，劉勝玉衣全長1.8米，共用玉片2498片，金絲1100克，竇綰玉衣比較短小，也用了2160片玉片，金絲700克。劉勝的一件玉衣，就是由上百個工匠花了兩年多的時間完成的，所費的人力和物力是十分驚人的。

　　那麼，漢代的人為什麼如此重視以玉衣做殮服呢？原來歷代帝王都渴望長生不老、靈魂不滅，這是他們一生中的一件大事。帝王們生前就費盡心機尋找長生不老藥，或者命人煉製丹丸用以

養生。即使死了，他們也不放棄這種求生的慾望，希望繼續維持死前的生活。依古人的觀點，人死之後會魂魄分離，魂氣升天，形魄歸地。而怎樣才能使魂氣升天，又要形魄不腐呢？只有用玉。他們認為玉石是天地之精，有防腐功能，能使屍體不朽，玉塞九竅，可以使人氣長存。

其實，用玉殮葬的做法早在四千年前就出現了。到西周時期，喪葬用玉才形成制度，出現了放入死者口中的玉含、握在手中的玉握和蓋在臉上的玉覆面等。所謂玉覆面也叫「面幕」，即用玉石製成人的眉、眼、耳、鼻等部位，並將其綴在一塊布上。

東周時期，開始在死者穿的衣服上綴一些玉，這就是玉衣的雛形。但是，帝王和權貴們過度迷信玉的防腐作用，他們死後除了身穿玉衣外，還要在胸部和背部放置幾塊玉璧，並且搭配用玉做成的眼蓋、鼻塞、耳塞、口含，以及罩生殖器的小盒和肛門塞，即所謂的「玉塞九竅」。

其中最講究的是做口含用的玉蟬，古人認為蟬只飲露水而不吃東西，是一種清高狷潔的昆蟲。口含玉蟬寓意著靈魂離開屍體，正如蟬從殼中蛻變出來時一樣。也有學者認為，漢人用玉蟬做口含，是從蟬蛻轉生而領悟再生，希望死者只是暫時死去，還能夠復活和再生。但是，美好的不朽之夢並沒有因為有玉覆體而實現，無論帝王還是貴族，他們的屍體都沒能敵得過歲月的侵蝕，最後都腐爛成了一堆白骨。

由於金縷玉衣價格昂貴，漢代帝陵比其他時代的皇陵招來了更多的盜墓賊，帝王貴族不但達不到屍體不腐的目的，就連骨架都被人焚為灰燼。直到公元222年，魏文帝曹丕做了魏國的皇帝，他認為使用玉衣是「愚俗所為也」，於是下令廢除了以玉衣隨葬的制度，有關金縷玉衣的歷史才算是結束了。

龜山漢墓的迷霧

　　民間有句俗話「先秦看西安，兩漢看徐州，明清看北京」。江蘇省徐州市之所以因兩漢文化聞名於世，是因為從這裡走出了中國第一位布衣皇帝劉邦。後來劉邦將徐州交給了自己的弟弟劉交，並封為楚王，所以幾代楚王大都葬在徐州四周的群山中。

　　1981年，徐州龜山漢墓被考古學家發現，這一發現引起了海內外眾多專家學者的關注。

　　龜山漢墓位於徐州九里山，秉承了徐州漢墓的諸多特點，以山為陵，因山為葬，並在這一基礎上別具特色。該墓是兩座並列相通的夫妻合葬墓，其中南為楚襄王劉注墓，北為其夫人墓，兩墓均為橫穴崖洞式墓。該墓東西全長83米，南北最寬處達33米，共有15間墓室，幾乎掏空了整個山體，宛如一個浩大的宮殿。

　　龜山漢墓建造雄偉，雕刻精美，為世界所罕見。不僅如此，它還給後世人留下了一堆謎團，至今仍無人能夠破解。

　　目前龜山漢墓主要有四大謎團尚未解開：

第一，甬道設計施工精度之謎

　　墓葬有南北兩條甬道，甬道各長56米，高1.78米，寬1.06米，沿中線開鑿最大偏差僅為5毫米，精度達1/10000；兩甬道之間相距19米，夾角為20度，誤差僅為1/16000，如將其向西無限延伸，其交點將位於1000公里外的西安，這是迄今世界上打鑿精度最高的甬道。甬道由26塊重達6～7噸的塞石分上下兩層封堵，

塞石間排列十分緊密，連一枚硬幣也無法塞進，且甬道兩壁都磨如平鏡。按當時的技術水平，工匠們是如何能修建這樣的墓道的？

第二，崖洞墓開鑿之謎

龜山漢墓為典型的崖洞墓，其15間墓室和兩條墓道總面積達700多平方米，容積達2600多立方米，幾乎掏空了整個山體。在半山腰挖石修墓，其神奇堪與埃及金字塔壘石成墓相媲美，當時的漢代工匠是如何掌握山體的石質和結構，使得施工順利進行的？

第三，星宿分布圖之謎

劉注夫人墓室的前廳、棺室和石柱上發現了22個乳頭狀石包（乳釘）。這些乳釘呈不規則排列，不似工藝性的幾何式點綴，更不是施工中留下的疵點。那這些乳釘究竟有什麼含義？有人說它象徵著照明的燈盞，也有人說是上天星宿分布。可是若是星宿分布，為什麼襄王劉注的墓室中卻沒有？

第四，崖壁畫之謎

在楚王棺室第六墓室北面牆上，非常清晰地顯示著一個真人般大小的陰影，酷似一位老者，身著漢服，峨冠博帶，面東而立，正欲趨步而西，作揖手迎客之狀。這一現象人們稱為「楚王迎賓」。這一現象在發掘清理時並不存在，待墓室正式開放後逐漸形成。那麼「楚王迎賓」到底是誰的傑作？有人認為是長期滲水所致，但影子外卻沒有任何滲水痕跡；還有人認為是由於岩石石質不同而形成，但它為什麼偏偏出現在楚王棺室呢？這也成為龜山漢墓的最大一謎。

龜山漢墓作為全國已知漢墓中極具科學文化價值和漢代特色的崖洞墓，它的建築凝聚了漢代工匠的高超智慧和精湛技藝，令

人無比之驚嘆。龜山漢墓留下的謎團引起了不少專家和學者的興趣，徐州龜山漢墓管理處也向社會各界公開尋求有識之士來探祕、破謎。

徐州四位高中學生大膽「破解」龜山漢墓四大「謎團」。他們認為，利用陽光定位及墓道開鑿車、打磨車精確打造甬道；利用相似三角形定理進行山體結構勘測和開掘；以莊子的「相濡以沫」解釋「乳釘」之謎；利用生化原理解釋「楚王迎賓圖」的影子成形。

學生們的「設想」雖然有一定道理，但是沒有相關的依據支撐，所以關於龜山漢墓的謎團答案依舊沒有一個權威的論斷，只能等待進一步的考古發現提供新的佐證。

銅奔馬名稱之謎

銅奔馬於1969年10月出土於甘肅武威城北雷台漢墓。

奔馬身高34.5釐米，身長45釐米，寬13釐米。它體形矯健，昂首嘶鳴，三足騰空，右後足踏一飛鳥，神勢若飛，精美絕倫，一時間震驚中外，傳遍天下。

自銅奔馬出土以來，圍繞著銅奔馬，學術界有許多爭論：銅奔馬「馬」的名稱、馬蹄下所踏「鳥」、雷台漢墓主人、雷台漢墓斷代等。對此專家、學者各抒己見，但是這些觀點孰是孰非，還有待於考古的新發現和史學家的進一步研究才能定斷。關於銅奔馬的名稱，長期以來主要有以下幾種說法：

一、**「銅奔馬」說**。是對這具銅馬俑最早的稱法。銅馬俑的造型雄駿非凡，昂首嘶鳴，馬蹄騰空，做風馳電掣般的奔馳，又因其實由青銅製成，所以經郭沫若先生鑒定，命名為「銅奔馬」，也稱「青銅奔馬」。

二、**「馬踏飛燕」說**。最早是由郭沫若先生提出來的。雖然「銅奔馬」的稱謂比較直觀明瞭，但是這具銅馬俑的精妙之處是其後蹄下踏一飛鳥，僅以「奔馬」名之，顯然不足以表現創作意境，因此郭沫若先生將其稱為「馬踏飛燕」，以表明奔馬正在做凌空掠過燕背的飛馳。飛燕是鳥中飛速最快的，此鳥飛行特徵很像飛燕，而且古代也曾以「紫燕」作為良馬的名稱，所以給它起了個很動聽的名字「馬踏飛燕」。

三、「**馬踏龍雀**」說。針對「馬踏飛燕」說，有人提出了不同看法，認為銅馬俑所附飛鳥，不是燕子，而是龍雀，因此認為應該是「馬踏龍雀」或「馬超龍雀」。「龍雀」在漢代被認為是「風神」，它原名叫「蜚（飛）廉」，是秦人的祖神，最早以「鹿」為喻，到了漢代，由「鹿」演化成「鳥」。到東漢時，「蜚（飛）廉」已易稱為「龍雀」，且淪為天馬之後的「三齊」之一，故張衡在《東京賦》中說「龍雀蟠蜿，天馬半漢」。以「龍雀」作為銅馬俑身後「三齊」之一的創舉，更可反襯出銅馬俑的神速。因此該稱為「馬超龍雀」。

四、「**天馬**」說。根據這一說法，有人又提出，這個銅馬應該是天馬。龍雀既然是風神，這種神鳥豈能是奔馬所踏之物？「銅雀蟠蜿，天馬半漢」，是稱皇宮內龍雀、天馬兩件對應的銅製陳列品，因此，這具銅馬俑就是「天馬」。

五、「**飛燕驃**」說。前面幾種說法看似有理，但不難發現無一不帶有明顯的現代漢語構詞特點。於是有學者提出「飛燕驃」這個名字。一提到馬，人們很快想到奔騰如飛，而飛燕的速度同樣也是毋庸置疑的。歷朝多有以燕喻良馬之詩文，如南朝沈約的「紫燕光陸離」句，其中的紫燕就是良馬。梁朝簡文帝詩云：「紫燕躍武，赤兔越空。」二句中赤兔、紫燕皆指良馬。李善注謝靈運詩云：「文帝自代還，有良馬九匹，一名飛燕驃。」在古代，武威銅馬足下的飛燕無疑是用來比喻良馬之神速，所以銅馬應取名為「紫燕驃」或「飛燕

銅奔馬

驪」，此名恰合古意，最為雅致貼切。

六、「**天馬——大宛馬**」**說**。認為銅奔馬的原型來源於漢代現實生活中的良馬大宛馬。漢武帝酷愛好馬，不惜興師遠征西域，以取得優良的大宛馬。張騫通西域後，從西域得來西極天馬、渥窪龍媒之類，更被當成是了不起的神物，為此還特意作了《西極天馬之歌》，為帝王祭天禮樂之一。因此，學者認為銅馬就是漢武帝從西域引進的西極天馬造型。

七、「**馬神——天駟**」**說**。有人提出，天馬在漢代專指大宛汗血馬及與此有關的宮內陳列品。因此，無論天馬是指真馬還是銅馬，都只是皇室威儀的象徵，臣民不可能享用，武威東漢墓將軍怎能例外？因此，有人又提出這具銅馬俑是「馬神——天駟」。「天駟」本是天上二十八星宿東方蒼龍七宿中的第四位星，名「房」，即「天駟」，亦為「馬祖神」。秦漢以前人們都崇拜「馬王爺」，自商周以來，征戰之中都少不了駿馬，因而就產生了對馬祖神的崇拜和祭祀。漢墓主人生前率兵戍邊，供奉馬神，死後殉葬將軍印和銅製馬神，也是很自然的事。這件銅馬足踏飛鳥正好表現了「天駟」行空騰飛和其所處的位置。

應該說，以上說法都有一定的合理之處，在一定程度上也解釋得通，但目前始終沒有一個公認的結論。然而，不管最後採用哪個名稱，這具銅馬俑終是「中國古代藝術作品的高峰」，相信這一點是沒有異議的。

諸葛亮製造木牛、流馬的原因

　　在《三國志》、《三國演義》中，都有諸葛亮製作木牛、流馬的記載。

　　《三國志》記錄說：「九年，亮復出祁山，以木牛運，糧盡退軍，與魏將張郃交戰，射殺郃。十二年春，亮悉大眾由斜谷出，以流馬運，據武功五丈原，與司馬宣王對於渭南。」

　　在建興九年時，諸葛亮再出祁山，用木牛運輸糧食。糧盡退兵，與魏將張郃交戰，將其射死。建興十二年春，諸葛亮率領軍隊從斜谷開出，用流馬運輸物資，佔據武功縣五丈原，與司馬宣王在渭水之南對壘。

　　《三國演義》描寫的則更為生動：「忽一日，長史楊儀入告曰：『即今糧米皆在劍閣，人夫牛馬，搬運不便，如之奈何？』孔明笑曰：『吾已運謀多時也。前者所積木料，並西川收買下的大木，教人製造木牛流馬，搬運糧米，甚是便利。牛馬皆不水食，可以晝夜轉運不絕也。』眾皆驚曰：『自古及今，未聞有木牛流馬之事。不知丞相有何妙法，造此奇物？』孔明曰：『吾已令人依法製造，尚未完備。吾今先將造木牛流馬之法，尺寸方圓，長短闊狹，開寫明白，汝等視之。』」

　　羅貫中在《三國演義》中寫了製作木牛、流馬的方法：

　　造木牛之法云：「方腹曲頭，一腳四足；頭入領中，舌著於腹。載多而行少：獨行者數十里，群行者二十里。曲者為牛頭，

雙者為牛腳，橫者為牛領，轉者為牛足，覆者為牛背，方者為牛腹，垂者為牛舌，曲者為牛肋，刻者為牛齒，立者為牛角，細者為牛鞅，攝者為牛軸。牛仰雙轅，人行六尺，牛行四步。每牛載十人所食一月之糧，人不大勞，牛不飲食。」

造流馬之法云：「肋長三尺五寸，廣三寸，厚二寸二分：左右同。前軸孔去墨去頭四寸，徑中二寸。前腳孔分墨二寸，去前軸孔四寸五分，廣一寸。前槓孔去前腳孔分墨二寸七分，孔長二寸，廣一寸。後軸孔去前槓分墨一尺五寸，大小與前同。後腳孔分墨去後軸孔三寸五分，大小與前同。後槓孔去後腳孔分墨二寸七分，後載克去後槓孔分墨四寸五分。前槓長一尺八寸，廣二寸，厚一寸五分。後槓與等。板方囊二枚，厚八分，長二尺七寸，高一尺六寸五分，廣一尺六寸：每枚受米二斛三斗。從上槓孔去肋下七寸：前後同。上槓孔去下槓孔分墨一尺三寸，孔長一寸五分，廣七分：八孔同。前後四腳廣二寸，厚一寸五分。形製如象，長四寸，徑面四寸三分。孔徑中三腳槓，長二尺一寸，廣一寸五分，厚一寸四分，同槓耳。」

羅貫中記述的方法非常詳細，但這有沒有可能是小說家靠豐富的想像力所描寫的「虛妄之言」呢？木牛、流馬並沒有實物流傳於世，也沒有留下任何的設計草圖。《諸葛亮集》中對木牛、流馬也進行了描述，但是很遺憾，也沒有記錄這兩種神奇運輸工具的圖形。

後世的科學家對木牛、流馬進行研究時也非常撓頭。

《南齊書祖冲之傳》認為，木牛、流馬是一種技巧高妙的自動機械：「以諸葛亮有木牛流馬，乃造一器，不因風水，施機自運，不勞人力。」祖冲之那個時代，木牛、流馬還沒有失傳。祖冲之在木牛、流馬的基礎上發明瞭更為先進的自動機械。遺憾的

是，祖冲之的改進版木牛、流馬也在歷史的煙雲中隱去了蹤跡。

還有學者認為，所謂木牛、流馬，就是四輪車和獨輪車。郭沫若主編的《中國史稿》中寫諸葛亮「創製木牛流馬運糧車，開展山區運輸」。至於何種是四輪何種是獨輪，也存有爭議。

宋代時高承在《事物紀事》中寫道：「木牛即今小車有前轅者，流馬即今獨推者是。」

范文瀾則在《中國通史簡編》中講「木牛是獨輪車，流馬是四輪車」。孰是孰非，難以分辨。

還有一種觀點認為，木牛、流馬其實是一種東西，就是普通的獨輪車。

宋代陳師道《後山叢談》寫道：「蜀中有小車獨推，載人石，前如牛頭。又有大車用四人推，載十石，蓋木牛流馬也。」《宋史》、《裨史類編》也認同這種說法。

木牛、流馬，一個中國機械史上神祕的傳說，真面目竟然就是普普通通的獨輪車？這顯然不能讓人信服。諸葛亮本人並沒有為我們留下可以信服的史料，木牛、流馬到底為何物，只能留待後人探索。

孔明的八陣圖在哪裡

　　諸葛亮八陣圖一說源自《三國演義》第八十四回：陸遜營燒七百里，孔明巧布八陣圖。這種陣法是用石頭堆成石陣，然後再按照遁甲分成生、傷、休、杜、景、死、驚、開八門。

　　杜甫曾經詩讚孔明：「功蓋三分國，名成八陣圖。」「江上陣圖猶布列，蜀中相業有輝光。」意思都是說八陣圖讓諸葛亮的聲明更加顯赫。八陣圖變化萬端，其功效之大可抵擋十萬精兵，它吸收了井田和八卦的排列組合方式，兼容天文地理，是周易思想精髓的實際應用。

　　那麼，具有如此強大軍事功效的八陣圖會不會像「桃園三結義」一樣，也是作者在《三國演義》中杜撰的呢？歷史上真的存在八陣圖嗎？

　　據《三國‧蜀志‧諸葛亮傳》記載：「亮長於巧思，損益連弩，木牛流馬，皆出其意；推演丘法，作八陣圖，咸得其要云。」「推演兵法作八陣圖。」後人根據諸葛亮八陣圖繪成圖形，現在八陣原圖已經不在，但是傳說中八陣圖的練兵遺跡，也就是「八陣圖磊」，是用亂石磊積而成，其遺跡有三處。《水經注‧沔水注》和《漢中府志》中記載，八陣圖磊在陝西沔縣東南部的諸葛亮墓東；《明一統志》載，在四川新都縣北三十里的牟彌陣；而《寰宇記》所記載的重慶奉節一說則最為流行。

　　蘇軾在《八陣磧》中寫道：「孔明最後起，意欲掃群孽。崎

嶇事節制，隱忍久不決。志大遂成迂，歲月去如瞥。六師紛未整，一旦英氣折。惟余八陣圖，千古壯夔峽。」這裡所說的夔峽，即為瞿塘峽。它西起奉節白帝城，東至巫山黛溪，在三峽中以雄偉著稱。

奉節在夏商時期屬於荊、梁，到了東周戰國則屬巴郡，名魚腹。公元222年，劉備在敗退於白帝城之後又將其改名為永安。唐代貞觀年間，才取名奉節，為的是表彰諸葛亮「托孤寄命，臨大節而不可奪」的高潔品格。

在長江的北岸，距離奉節老東城一千公尺的地方，有一塊大壩。它長一千五百公尺，寬六百公尺，伸入江中心，有高低壘積的石塊，其中有溪流穿過。這就是傳說中的「八陣圖磊」。

據說，唐代大詩人李白和杜甫就曾經在這裡踏磧，後來每逢正月初七，人們都會成群結隊地來八陣圖磊踏訪遊覽。這就是奉節人的風俗：正月初七踏磧。

然而，如今再到奉節，遊覽於白帝城下、長江三峽之上，八陣圖磊的遺跡已經在江水之中了。而且大約距離江面深達四十至六十餘公尺。聞名於世的「八陣圖磊」就在三峽蓄水之時沈寂於江中了。但是奉節當地人也稱八陣圖有「水八陣」和「旱八陣」之說。因三峽蓄水而被淹沒的八陣圖是水八陣，而旱八陣則在杜甫寓居夔州時的草堂東兩公里處，它位於白帝城邊，地形險峻。

看來今後八陣圖的痴迷者，只能在溝壑縱橫的旱八陣之地回味當年的諸葛孔陣勢了。

岳陽樓建造之謎

　　岳陽樓是江南三大名樓中唯一保持原貌者，恢宏壯麗，金碧輝煌。岳陽樓為純木結構，飛檐、盔頂，共三層。整體高25.35米，寬17.2米，佔地251平方米。這樣一座恢弘的樓閣，遠望似鯤鵬展翅，近觀如仙宮飄臨人間。

　　這座名樓建於何時、出自何人之手？史家眾說紛紜，實在難以確定。

　　范仲淹在《岳陽樓記》中寫道：「慶曆四年春，滕子京謫守巴陵郡。越明年，政通人和，百廢俱興。乃重修岳陽樓，增其舊制，刻唐賢今人詩賦於其上。屬予作文以記之。」

　　可見，在北宋前就已修建完成，滕子京所作的是文物保護工作。南宋人祝穆寫過一本較為翔實的記載名勝古蹟的書籍《方輿勝覽》，他在書中這樣寫道：「岳陽樓在郡治西南，西面洞庭湖，左顧君山，不知創始為誰。」岳陽樓在唐時美名遠播，可是到了宋朝就已無從查找來歷。

　　那麼，我們只能沿著時間軸向前追溯。朱自清、葉聖陶等人編著的《文言讀本》稱岳陽樓為「唐張說始建」。這種說法得到了其他文史書籍的認同，喻朝剛、王大博等人編著的《宋代文學作品選》給出了更為確切的信息，說岳陽樓是「唐開元張說做岳州知州時建的」。

　　但是，對於岳陽樓的建造還流傳著另一種說法，認為三國時

的閱兵台是岳陽樓的前身。

上海辭書出版社出版的《中國名勝詞典》是這樣介紹岳陽樓的：「相傳樓始三國吳將魯肅訓練水師的閱兵台。」岳陽市文物管理部門顯然更傾向於第二種說法，

岳陽樓

岳陽市文物管理所編印了《岳陽樓簡介》，其中介紹說：「岳陽樓的前身相傳為中國三國時期吳國大將魯肅在洞庭湖訓練水軍時的閱兵台。唐開元四年716年，中書令張說謫守岳州，在西門城樓上建一樓閣，初名南樓，後名岳陽樓。」

岳陽樓到底是魯肅所建，還是唐人張說所建，結論難下。天津師專古典文學教研組在編撰《中學古代作品評註》時又提出了一個觀點，說岳陽樓「相傳建於周代，自唐代以來聞名於世。」這就把岳陽樓的建造時間又提前了三、四百年，而且建造者是誰更無從查考。

三種說法究竟哪種最接近真相，一時難以定奪，有待發現更明確的史料記載解開這個謎團。

曹操七十二疑冢之謎

一代梟雄曹操，在生前灑盡英雄氣概，於亂世中嶄露頭角，開創了魏國的一代基業，形成三國時期「三足鼎立」的局面，其雄才偉略鮮有人能及也。他死後，也給世人留下了一個千古未解之謎，那就是他的墓冢所在。

曹操生性多疑善詐，被稱為「奸雄」。他為了防止死後有人盜墓，設立了72處疑冢。這些假墳從漳河邊上的講武城外一直延伸到磁州城北，而真正的墓卻無人知曉。宋代俞應符用「人生用智死即休，焉有餘智到壟丘」來表達對曹操死後留下七十二疑冢的感嘆。但是真真假假，究竟哪個才是曹操的墓葬所在？曹操又為什麼要建七十二墓葬？

關於曹操墓冢的所在地，史學界有三個爭論：

第一個說法認為曹操墓葬於邯鄲之西崗西門豹祠一側，這也是廣為流傳的一個。建安二十三年，暮年的曹操預感到自己行將就木，於是頒布了一道《終令》，說古代聖賢的墓葬一般都是在貧瘠的地方，而邯鄲城西的西門豹祠就比較合適；西門豹是他畢生仰慕的英雄，曹操希望和他做鄰居，因此便將墓葬葬於西門豹祠旁邊。但是對這一說法，有人反駁：西門豹祠建於南朝梁元帝承聖三年（公元554年），可曹操卻死於此前334年，這種說法顯然不符合史實。

第二種說法認為曹操葬於漳河底。民間有詩曰：「銅雀宮觀

委灰塵，魏之園陵漳水濱。即今西湟猶堪思，況復當年歌無人。」由此有人推斷，曹操墓是在漳河河底。據民間傳說，清朝順治初年，漳河水乾涸，漁民看見河裡有一塊大石板，從石板的隙縫中進入，漁民們看見曹操穿著龍袍躺在一塊巨大的石板上面。而且還傳說，當年漳河水改道，曹操墓穴被淹沒，其子曹丕因為沒有地方祭祀而悲傷。不過這也只是傳說而已，並不是史實。

第三種說法認為曹操葬於漳河邊，即七十二疑冢中的一座。河北省磁縣古墓群在過去一直被認為是「曹操七十二疑冢」，但建國後在對這一地區進行考古普查之後，查明實際上這塊墓地是北朝的大型古墓群，其數量是134座，而不是72座。雖然我們知道了七十二疑冢葬的並不是曹操，但是曹操陵冢的具體地點在哪裡，至今還是一個謎。

那麼，曹操為什麼要設立七十二墓葬？

又據傳，曹操早年曾盜過漢梁王的墓葬。他親眼目睹了許多墳墓被盜後屍骨縱橫、什物狼藉的場面，為防止自己死後出現這種慘狀，他提出「薄葬」。他在《終令》中說「因高為基，不封不樹」，也就是說根據地面原有的高度為壙基，墓上部不起高土堆，不見建築物。因此，他成為中國歷史上第一位提出「薄葬」的帝王。

於是在曹操下葬那天，七十二口棺材同時出殯，以迷惑當時的人們。這樣，人們就不知道哪座是真正的曹操墓，令人疑惑，所以又叫做「疑冢」。千百年來，盜墓者不計其數，但誰也沒發掘出真正的曹操墓。

曹操一生節儉，帶頭「薄葬」，加之建「七十二冢」，既保護了自己，也使盜墓者無從下手。雖然此舉印證了他的生性多疑，但卻也算是一個明智之舉吧。關於曹操的陵寢的真實情況，還有待於新的考古發現為我們來解答這個謎團。

197

劉備陵墓之謎

　　四川省成都市南門武侯祠，據說是三國英雄劉備的埋骨之處。武侯祠是歷史上少見的君臣合祀祠廟，由劉備、諸葛亮蜀漢君臣合祀祠宇、惠陵兩部分組成。

　　惠陵在武侯祠內，佔地約2000平方米。據史料載，公元223年，劉備病逝於白帝城，遺體運回了成都安葬。兩宋時有人提出質疑：劉備真的安葬在惠陵了嗎？自古以來帝王的墳墓是盜墓賊垂涎的對象，盜挖之事時有發生。但是翻看史上的記載，惠陵從未有過被盜挖的跡象。難道真如百姓傳言，此陵墓有神仙保佑？這種說法顯然荒誕不經。史學家認為，最有可能的原因是，劉備根本沒有長眠於此，惠陵只是一個衣冠冢。

　　考證三國歷史最重要的史料《三國志》確實有劉備病死白帝城，諸葛亮扶靈柩回成都的記載。《三國志》的作者陳壽曾經從事過檔案管理工作，任職觀閣令使，他的說法，必然是有一些根據的。

　　一些專家認為，劉備去世時正是農曆四月，下葬時間為農曆八月。白帝城位於重慶奉節縣瞿塘峽口的長江北岸，氣候炎熱，屍體不好保存。而且白帝城與成都有千里之遙，交通不便，即使輕身快走也要一個多月的時間才能到達，大軍浩浩蕩蕩扶靈前行，要走多久才能到達成都？屍體又是怎樣做好防腐工作的？

　　以當時的科學條件，在炎熱夏季保持屍體一個月不腐幾乎是

不可能的。按照這種說法，劉備很可能就地埋葬在了白帝城，也就是今天的重慶奉節，而非成都。

《三國志》載，劉備與甘夫人合葬。但是，惠陵中並沒有埋葬甘夫人。史書上多有記載，說甘夫人埋葬在了奉節。這表明，很有可能劉備與甘夫人一道埋葬在了奉節。

近代，奉節城中發現了一些人工隧道，初步辨認是墓道。研究人員曾經使用超聲波進行勘察，發現這些隧道引向奉節人民政府大院。通過細緻勘測發現，政府大院下有兩個建築物，一個長18米，高5米，另一個長15米，高5米。專家分析，這很有可能是劉備與甘夫人的合葬墓。

這一觀點，遭到了持惠陵說學者的否定。甘夫人去世早於劉備，《三國志》記載，諸葛亮曾向後主上書提出「宜與大行皇帝合葬」。陳壽是蜀國史官，國君陵墓如此重大的事情，又怎麼會誤記？

古人重視身後事，希望去世後能永遠安眠，不被打擾，所以多隱匿葬地。尤其是修建皇陵的習俗興起前，君王的安葬地點更是難睹真容。劉備墓的真實地點，到今天依然是個謎。

玉門關之謎

「黃河遠上白雲間,一片孤城萬仞山。羌笛何須怨楊柳,春風不度玉門關。」悲壯蒼涼的《涼州詞》傳誦了千年,讓一代又一代中國人記住了玉門關這座古老的關塞。

玉門關究竟身處何處?恐怕沒有幾個人能說得清楚。一千多年前,絲綢之路最繁忙的年代,玉門關就靜靜矗立在了關外。

那時,玉門關是一個繁華的邊關,處於絲綢之路的咽喉之地。無數中國的、西域的客商在這個關口來來往往,把中國精美的瓷器、華貴的絲綢、神奇的藥草、香氣濃鬱的茶葉以及造紙術、印刷術等先進的科學技術帶出關口,輸送往異域。鮮美的葡萄、無花果、石榴,營養豐富的蘿蔔、胡麻、大蒜也從世界各地匯聚而來,通過這裡,傳往內地。

翻開今天的中國地圖,依然能看到玉門關,不過,此玉門關非彼玉門關,地圖上標注的是一座與玉門關同名的現代都市,以盛產石油著稱。

《涼州詞》所描述的玉門關在敦煌附近。在敦煌西北有個名為「小方盤」的四方形土城堡。這座城堡全部用黃土夯成,城垣長245米,寬264米,殘高97米,總面積600多平米,設有內外女牆,城內東南角有馬道。這座古堡大小接近北京的四合院,幾件土房看起來寒酸破敗,毫無氣勢。見到「小方盤」人們會發出質疑:這就是傳說中雄渾蒼涼的玉門關?玉門關是一條交通樞紐的

咽喉要道，有重兵把守，竟然只是這樣一個小小的據點？然而，就在這裡出土過寫著「玉門都尉」的漢簡，幾乎可以作為認定玉門關的鐵證。大宛的汗血馬、伊犁河的烏孫馬就是從這裡奔入廣闊的中華大地，漢代大將李廣利

玉門關

就是從這裡帶領著將士出關與敵拼殺。

隋唐時，玉門關的位置由敦煌西北遷至敦煌以東的瓜州晉昌縣境內。根據《大慈恩寺三藏法師傳》記載，玄奘法師去西域取經，就曾從這個玉門關經過。

為什麼隋唐玉門關要東移？《周書·高昌傳》記載：「自敦煌向其國多沙磧，道里不可準記，唯以人畜骸骨及馬糞為驗，又有怪異。故商旅來往，多取伊吾路云。」伊吾路的開通使瓜州與伊州直接連通，不用再繞道敦煌，所以作為關口的玉門關也隨之遷徙。

隨著經濟的發展，時代的變遷，玉門關經歷了一次又一次的遷徙。到了五代宋初，玉門關又遷徙到了肅州城西70～100里的地方，距離唐代玉門關已有200公里之遙。

「女兒國」不是夢裡傳說

在神話小說《西遊記》第五十四回中有這樣的描寫，唐僧師徒四人取經時路過一個「西涼女國」，在這個王國裡沒有男人，繁衍後代都是靠喝湖中的水而受孕。雖然《西遊記》是神話小說，但是人們也不禁好奇，世界上真有「女兒國」？

唐朝高僧玄奘所著《大唐西域記》裡這樣說：「拂懍國（即東羅馬帝國）西南海島有西女國，皆是女人；略無男子，多諸珍寶貨，附拂逢國，故拂懍王歲遣丈夫配焉，其俗產男皆不舉也。」

根據玄奘的說法，「女兒國」應該是存在的，那麼它到底又在何處？

《舊唐書》中《南蠻西南蠻傳》有記載：「東女國，西羌之別稱，以西海中復有女國，故稱東女焉。俗以女為王。東與茂州、黨項接，東南與雅州接，界隔羅女蠻及百狼夷。其境東西九日行，南北二十日行。有大小八十餘城。」

那麼，東女國是否就是傳說中的「女兒國」呢？

四川省社科院歷史所研究員任新建經過長期研究和考察發現，今天四川甘孜州的丹巴縣至道孚縣一帶就是《舊唐書》中記載的東女國的中心。

史書記載，東女國建築都是碉樓，女王住在九層的碉樓上，一般老百姓住四五層的碉樓。現在四川甘孜州的丹巴縣碉堡就是

最好的佐證。女王穿的是青布毛領的綢緞長裙，裙擺拖地，貼上金花。東女國最大的特點是重婦女、輕男人，國王和官吏都是女人，男人不能在朝廷做官，只能在外面服兵役。東女國設有女王和副女王，在族群內部推舉有才能的人擔當，女王去世後，由副女王繼位。宮中女王的旨意，通過女官傳達到外面。一般家庭中也是以女性為主導，不存在夫妻關係，家庭中以母親為尊，掌管家庭財產的分配，主導一切家中事務。

《舊唐書》中關於東女國的記載十分詳細，但唐以後，史書對此的記載幾乎中斷。難道東女國的出現只是曇花一現？

唐中期，唐朝和吐蕃關係緊張，打了一百多年仗，於是唐朝逐步招降吐蕃統治區的少數民族，將8個少數民族部落從岷山峽谷遷到大渡河邊定居，東女國部落就是其中的一個。到唐晚期，吐蕃勢力逐漸強大，多次入侵到大渡河東邊，東女國這些遺留部落為了自保就採取兩面討好的態度。後來，吐蕃滅亡，唐代分裂，就再沒有力量統一管理這些部落了。到宋元明三代，對於青藏高原地區的統治一直都很薄弱，因此基本沒有史料記載，一直到清代才把土司制度健全。

那麼，「女兒國」現在是否還存在？

東女國的遺留部落有些由於靠近交通要樞，受到外來文化的影響，女王死後沒有保留傳統習俗，逐漸演變成父系社會，而有一些部落依舊生活在深山峽谷，保留了母系社會的痕跡。

研究者任新建說，「『女兒國』在歷史上的的確確存在過，而且現在有一些村寨一直將『女兒國』的古老習俗留存至今。」根據考察，任新建認為歷史上的東女國就處在今天川、滇、藏交匯的雅礱江和大渡河的支流大、小金川一帶，「而扎壩極有可能是東女國殘餘部落之一，至今保留著很多東女國母系社會的特點。」

「弼馬溫」真相之謎

看過《西遊記》的人都知道這樣一個故事：孫悟空隨太白金星初上天庭，想讓玉帝賜給他齊天大聖的空銜，玉帝在萬般無奈之下，封他為「弼馬溫」，讓他在御馬監飼養天馬。悟空滿以為「弼馬溫」是天界很高的官，於是上任後他盡心盡職，把天馬養得「肉膘肥滿」。後了解到此官職「未入流品」，於是心中大怒，推倒公案，掄起金箍棒，打出御馬監，闖出南天門，回到花果山。

《西遊記》雖是神話小說，但小說中涉及的人物官職，都是採用明朝的官制，並不是虛構的。可是在明朝，管御馬的機構叫太僕寺，始設於洪武四年（1371年），正職叫太僕寺卿，副職叫少卿。按照這樣的官職，《西遊記》中孫悟空應該叫「孫太僕」才是，為什麼叫「弼馬溫」？別說是明朝，其他任何一個王朝的官制裡，都沒有「弼馬溫」這個職位。那麼，吳承恩所寫的「弼馬溫」是否存在過？又是何物？

後魏賈思勰《齊民要術》中有記載，古人養馬「常繫獼猴於馬坊，令馬不畏，避惡消百病也。後來宋人朱翌在《猗覺寮雜記》中說，此俗源於《晉書·郭璞傳》。郭璞有一次到大將軍趙固家，恰遇到將軍所乘的良馬剛剛死去。於是郭璞找來二、三十個身強力壯之人，拿著長竿東行三十里，一路敲擊，在山林中擒獲一獼猴。將獼猴帶到死馬前，獼猴即吹氣於馬鼻。不一會，馬

躍起，食草如常。所謂「死馬當作活馬醫」的典故即出於此。

朱翌認為「故養馬多畜猿，為無馬疫」的習俗就是受這個典故的影響。

實際上，由於獼猴生性活潑，在馬廄裡上竄下跳，避免了廄馬懶惰貪睡，使它能保持身體強健，少得疾病。再由於獼猴體型瘦小，能平穩地坐立在馬背上，有人就以飼養的獼猴來馴服烈馬。人們還將此類猴稱之為「馬猴」，文雅的稱呼又為「馬廄猢猻」。北宋詩人梅堯臣就寫有一首題為《詠楊高品馬廄猢猻》的詩，首句即云：「嘗聞養騏驥，避惡繫獼猴。」所以有人就此認為，吳承恩創作的「弼馬溫」形象，應該就是由「馬廄猢猻」想像構思而來。

歷來研究、注釋《西遊記》的學者，都沒有把這個問題解釋清楚。但最近，台灣歷史學家、掌故家蘇同炳先生在《「弼馬溫」釋義》一文給大家解開了這個謎。文章中說：「明人趙南星所撰文集中，曾有這麼一段話，說：『《馬經》言，馬廄畜母猴辟馬瘟疫，逐月有天癸流草上，馬食之永無疾病矣。《西遊記》之所本。』」原來母猴每月來的月經，流到馬的草料上，馬吃了，就可以辟馬瘟了。

從蘇同炳先生的話中，我們顯然可以看出「弼馬溫」不過是辟馬瘟的諧音而已。《西遊記》的作者吳承恩給雄性的孫猴子安上這麼一個怪頭銜，無疑是幽默。

在我國《四庫全書》目錄、《叢書綜錄》《說郛》目錄中都沒有《馬經》的記載，但卻存於趙南星文集《趙忠毅公文集》之中。可是此書國內並沒有，藏於美國國會圖書館，台灣有膠卷翻印本。蘇同炳先生在閱讀後寫成文章，才使我們得以知道「弼馬溫」的真相。

中國古代的飛碟之謎

飛碟（UFO），空中不明飛行物，在現代社會中是個十分熱門的話題，對於它的真實存在，人們說法不一。然而這令人爭執不休的怪誕神奇之物，在中國古代就已有頗多的記載。

古籍《晉陽秋》中記載「有星赤而芒角，由東北西南投於亮（諸葛亮）營。三投，再還，往大，還小，俄而亮卒。」這顆發著光，從東北到西南，往復行走的「星星」被人們看作是不明的飛行物，也就是我們今天所說的「飛碟」，它被認為是關於飛碟最早的記錄。

我國著名詩人蘇軾同「飛碟」也有著不解之緣。「是時江月初生魄，二重月落光深黑。江心似有炮火明，飛焰照天棲鳥驚。悵然歸臥心莫識，非鬼非人竟何物？」這一首《遊金山寺》正是蘇軾在某一夜間見到一發著光亮的物體降於江中所寫，這一「非鬼非人」之物不僅引起蘇軾的迷惘，直至今日，人們也疑惑它究竟為何物，不過它發著強光、隕落的特徵倒和現代人們所說的「飛碟」有相似之處。

素有科學家之稱的沈括在《夢溪筆談》中曾寫道：「嘉祐中，揚州有一珠甚大，初出於天長縣陂澤中⋯⋯凡十餘年，居民行人常常見之。一夜忽見其珠甚近，初微開其房，光自吻中出，如橫一金錢。俄頃忽張殼，其大如半席，殼中白光如銀，珠大如拳，燦然不可正視，十餘里間林木皆有影，如初日所照，遠處但

見天赤如野火，倏然遠去，其行如飛，浮於波中，杳杳如日。」「大如半席」、「光照十里」、「倏然遠去」這顆珠狀物體不是「飛碟」又是什麼呢？

不僅在古籍中有關於不明飛行物的記載，在古畫中也提到。

清朝畫家吳有如的《赤焰騰空》圖，便被人們看作是一幅生動的描述目擊飛碟的場景畫。畫中眾多行人集聚在橋上，全都仰頭目視天空，爭相觀看空中團團火焰，作者在其畫上注明：「九月二十八日，晚間八點鐘時，金陵城南，偶忽見火毯一團，自西向東，型如巨卵，色紅而無光，飄蕩半空，其行甚緩。維時浮雲蔽空，天色昏暗。舉頭仰視，甚覺分明，立朱雀橋上，翹首踮足者不下數百人。約一炊許漸遠漸減。有謂流星過境者，然星之馳也，瞬息即杳。此球自近而遠，自有而無，甚屬濡滯，則非星馳可知。有謂兒童放天燈者，是夜風暴向北吹，此球轉向東去，則非天燈又可知。眾口紛紛，窮於推測。有一叟云，是物初起時微覺有聲，非靜聽不覺也，係由南門外騰越而來者。嘻，異矣！」地點、時間、人物、顏色、形狀、飛行速度等的詳細記述正是一份供後人研究飛碟的寶貴資料。

從這些古人的記載中，我們知道在古代出現過發光、飛行的不明飛行物，但是對它們究竟是否為飛碟，人們還是眾說紛紜。

有人說中國古人的記載只是目擊的一些表面現象或是道聽塗說的傳聞，並沒有科學的證據，其間甚至還有些誇張的修飾手法，也許僅僅是些在當時人們還沒有充分認識的自然現象。

有人說古時人們記載的不明飛行物都是有著共同特點的，發著紅、白等的光亮、倏忽而過、來去自由，不同時代的人們記載同樣的神奇之物，而這種物體就是飛碟。飛碟在現代依舊是個謎？古時是否真的出現過飛碟？到目前都還是一個謎！

解密「蒙汗藥」

　　一提到蒙汗藥，人們總是聯想到小說、電視裡風雲莫測的江湖，相傳，人服下蒙汗藥後會暈倒失去知覺。關於這種神奇的藥，我國經典小說《水滸傳》中有眾多描述。而現實中，蒙汗藥是真實存在的，也就是我們常說的麻醉藥。

　　蒙汗藥究竟是由什麼煉製而成的呢？最廣為人知的一種觀點是，其成分中大量的使用了曼陀羅花。曼陀羅又叫洋金花、風茄兒、山茄子，是種一年生的草本植物，花冠呈漏斗狀，果實為卵圓形，夏秋季節開花，它的花、葉、種子都含有莨菪鹼、東莨菪鹼等成分，具有麻醉、鎮痛的作用。

　　《本草綱目》中記載「曼陀羅花氣味辛、溫、有毒，可以作麻醉藥。秋季採曼陀羅花，陰乾，等分為末，熱酒調服三錢。為一會即昏昏如醉。割瘡、炙火宜先服此，即不覺痛苦。」

　　宋代司馬光在《涑水記聞》中也寫道：「五溪蠻漢，杜杞誘出之，飲以曼陀羅酒，昏醉，盡殺之。」現代醫學認為它能夠抑制人體汗腺的分泌，使得肌肉得以鬆弛，在眾多臨床的實踐中，證實了曼陀羅的確是一種有效的麻醉藥。

　　一種說法認為蒙汗藥的主要成分是草烏，它是中藥中常見的藥物，含有烏頭鹼，能夠先興奮後麻痺人的神經末梢和神經中樞。《齊東野語》中記載，「草烏末同一草食之即死，三日後活。」但是烏頭鹼中含有大量的毒素，三四毫克便能使人喪命，

不能大量食用，因此有人認為它同藥散之後相安無事的蒙汗藥是有區別的，有毒的草烏不一定是蒙汗藥的成分。

也有種記載，蒙汗藥中含有叫押不盧的成分。據南宋周密的記載，押不盧生長在西部的回回國，只需用一點點粉末，便能使人昏睡不醒。李時珍在《本草綱目》中提及押不盧是一種具有「加以刀斧亦不知」的麻醉效果的神草。周草窗的《癸辛雜誌》說：「回回國有藥名押不盧者，士人採之，每以少許磨酒飲人，則通身麻痹而死，至三日少以別藥投之即活。」由於押不盧產在遠離中原的西部，難以獲得，其為蒙汗藥主要成分的說法也受到了人們的質疑。

還有種說法認為其中含有一種叫「醉魚草」的灌木植物，又叫鬧魚草，生長在江南各地，它的花與葉中含有醉魚草甙和醉魚草黃酮甙，對魚類具有很強的麻痹性。

蒙汗藥本身成分的構成已經引起了人們的爭議，其解藥同樣令人費解。我們從書籍、影視作品中能夠看到服了蒙汗藥的人，一吃解藥便能快速清醒，對於其解藥的構成人們亦是難以確定，莫衷一是。唐孫思邈《千金方》中說：「甘草解百藥毒。」《水滸傳注略》中也有「急以濃甘草汁灌下，解之」。李時珍更云：「菓中有東莨菪，葉圓而光，有毒，誤食令人狂亂，狀若中風，或吐血，以甘草煮汁服之，即解。」《夢溪筆談》的作者沈括卻說那草心有解藥的作用，但在別的著作和觀點中卻不曾提及，當代醫學認為毒扁豆能夠解除蒙汗藥的藥性。

蒙汗藥帶著其神祕的面紗闖蕩著江湖，人們在迫切想見其真實面目的同時，卻難以往前進一步揭開那層掩蓋著的紗布，能見的只是些隱隱約約的難以琢磨的輪廓，這一切還得留待於後世的高手繼續探討。

黃鶴樓名稱因何而來

「故人西辭黃鶴樓，煙花三月下揚州。孤帆遠影碧空盡，唯見長江天際流。」李白的送別傑作《黃鶴樓送孟浩然之廣陵》是大家都非常熟悉的作品。詩中的黃鶴樓幾乎成了古詩中一個「地標建築」，不同的詩人作品中屢有提及。「昔人已乘黃鶴去，此地空餘黃鶴樓。黃鶴一去不復返，白雲千載空悠悠。」（唐，崔顥）「城下滄江水，江邊黃鶴樓。朱欄將粉堞，江水映悠悠。」（唐，王維）「黃鶴何年去杳冥，高樓十載倚江城。密雲朝卷四山景，流水夜傳三峽聲。」（南唐，盧郢）

黃鶴樓是真實存在的建築，直到今天還屹立在長江邊上。黃鶴樓最早建於三國，建成以後多災多難，多次被毀，僅僅明清時代就毀了7次。光緒年間被毀後，清政府沒有再建。當年中共修建武漢長江大橋武昌引橋時，佔用了黃鶴樓舊址。1981年重建的黃鶴樓在距舊址約1000米左右的蛇山峰嶺上。

今天我們所見到的黃鶴樓是以清朝同治年間毀掉的樓為藍本建成的。有五層飛檐，攢尖樓頂，屋面鋪滿金色琉璃瓦，通高51.4米，底層邊寬30米，頂層邊寬18米。樓的每層都裝飾有大型壁畫、楹聯等。樓外還有鑄銅黃鶴、勝像寶塔、牌坊等輔助建築。遠遠望去，黃鶴樓雄偉壯麗，金碧輝煌。登樓遠眺，滾滾長江水，浩渺的煙波盡收眼底。

這樣氣勢恢宏的望江樓，為何以黃鶴為名？難道是有黃色的

鶴在此地駐留過？黃鶴樓地處江漢，此地區也有鶴活動的蹤跡，不過這裡的鶴大多為灰鶴。

事實上，鶴的家族雖然繁盛，卻沒有出現過黃鶴這個種類。無論古今中外，都沒有發現過黃鶴的科學記載。現存的鶴的種類有15種，其中丹頂鶴、白鶴都是為大家熟知的種類。

既然沒有黃鶴，為什麼要叫黃鶴樓？

有人認為，這是因為黃鶴樓的平面設計為「四面八方」，即四邊套八邊形，從樓的縱向看，各層排檐形如展翅的仙鶴，再加上樓上所覆為黃色琉璃瓦，故名「黃鶴樓」。

還有人認為，這是受黃鶴樓的選址所影響，黃鶴樓建在武昌蛇山的黃鵠磯上。古代人將「鵠」「鶴」兩字通用，所謂的黃鶴樓，其實就是黃鵠樓。那麼黃鵠又是什麼動物呢？黃鵠就是大家熟知的天鵝。因為天鵝嘴的根部有赤黃色的瘤，被古人稱為黃鵠。

黃鶴樓

更多的人傾向於黃鶴樓的名字來源於傳說。

很早以前，曾經有一位辛姓婦人在山上賣酒。有位道士經常從她的酒鋪前路過，這位道士生得高大俊逸，儀表不凡，可是衣衫破爛。道士時常向辛氏討酒喝，從來也不給錢。辛氏心地善良，性格豪爽，從來也沒有把這件事放在心上。

就這樣，道士成了辛氏的常客。有一天，這位道士突然對辛氏說，我喝了你上千杯酒了，沒有付

酒錢，這個恩情我一定會報答。他從竹籃裡拿了一個橘子，用橘子皮在牆上畫了一隻黃色的仙鶴。他告訴辛氏，今後有客人來飲酒，只要拍一拍手，仙鶴就會從牆上下來為客人跳舞助興。說完，道士就消失了。

辛氏知道自己遇上了仙人。她依言行之，果然有鶴自牆而下翩翩起舞，此後辛氏的酒鋪門庭若市，辛氏大富。

十年之後，那位仙人又來到辛氏的酒鋪，把酒相談，非常快樂。仙人離開時，抽出腰間的鐵笛演奏曲子，樂曲的聲音非常美妙，聽的人如痴如醉，仙鶴也隨之飄下牆來，仙人跨上仙鶴，吹笛遠去。

辛氏此時已經富甲一方，為了紀念這位仙人，她專門建造一座仙氣縹緲的高樓，起名為「黃鶴樓」。

黃鶴樓名字的真實由來已經無從查考，人們更願意接受的是「神仙說」，在欣賞黃鶴樓美麗景觀的同時，懷想仙人的神祕傳說，會平添幾多浪漫情懷。

三星堆難倒考古學家

　　三星堆遺址位於四川廣漢縣南興鎮北。這裡有一條稱為馬牧河的古河道，北岸的階地形似月牙，叫做「月亮灣」，南岸原有三個大土堆，故稱「三星堆」。

　　遺址總面積12平方公里，其中心區域是一座由東、西、南三面城牆包圍著的古城，城區面積近4平方公里，與中原王朝早期王都河南鄭州商城相當。如此宏大規模的城市，在3000年前的中國實屬罕見。從考古學家目前發掘的情況來看，已出土大量青銅器、玉石器、象牙、貝、陶器和金器等器物，其中最引人注目的有：一件大型青銅立人像、數十件青銅人頭像、青銅神樹和黃金權杖。

　　三星堆出土的青銅人像雕塑，是中國古代文化中罕見的珍品，在東方乃至世界的藝術史上佔有輝煌的一頁。青銅人像高鼻深目形象誇張，極富地方特色；立人像連座高2.62米，是迄今發現的最大的青銅鑄像之一，大眼直鼻，方頤大耳，戴冠，穿左衽長袍，佩腳鐲。

　　青銅神樹高3.84米，是世界上最頂級的古代至寶。樹上有九枝，枝上有立鳥棲息，枝下有碩果勾垂，樹幹旁還有一條龍從樹頂下探，生動又神祕。

　　黃金權杖是用金條捶打成金皮後，再包捲在一根木棒上製成的，金皮上刻有三組以魚、鳥、人為內容的紋飾，清晰而神祕。

三星堆遺址出土的文物難倒了眾多考古學家們。幾乎每個文物都帶著難以破譯的千古之謎。這些謎團至今為止讓學者們爭論不休，無法定論。

　　第一，三星堆文化內涵的確定。三星堆遺址是距今5000～3000年左右的古蜀文化遺址。在遺址內存在面貌不同但又連續發展的三期考古學文化。在三星堆一期文化中出土有玉琮等玉器，所以有學者認為它和長江中下游地區良渚文化等有交流。在二期文化時，三星堆已發展成為高度發達的青銅文化中心，即早期蜀國，它代表了長江流域商代文明的最高成就。有學者認為這比黃河文明還早，這也再次證明瞭中華文明多元一體的起源。

　　第二，三星堆青銅文化如何產生？三星堆是蜀地獨自產生發展的產物，還是受其他文化影響？本土論者認為其青銅器形象獨特，不歸屬於中原青銅器的任何一類，而且反映了古蜀人對「眼崇拜」等的習俗。外來說認為出土的青銅人高鼻深目、顴面突出、闊嘴大耳，不像中國人倒像是「老外」，於是認為三星堆人可能來自其他大陸，三星堆文明可能是「雜交文明」。

　　第三，遺址居民屬何族？目前有氐羌說、漢人說、巴人說、東夷說、越人說等不同看法。其中古羌人的傳說最為大家接受。古羌人的祖先來自西北高原，他們到達成都平原後，與當地原始部落民族開

三星堆博物館

始爭奪土地。後來，一個叫蠶叢的羌人首領稱王，由於蠶叢有縱目，後來的羌人就鑄了大量青銅縱目面具紀念他，即三星堆出土的青銅人面像。《華陽國志·蜀志》中有記載：「有蜀侯蠶叢，其目縱，始稱王。死，作石棺石槨，國人從之，故俗以石棺槨為縱目人冢也。」

第四，古蜀國何以突然消亡？古蜀國繁榮了1500多年，然後又像它的出現一樣突然消失了。關於古蜀國的滅亡，人們假想了種種原因，但都因證據不足始終停留在假設上。

水患說。三星堆遺址北臨鴨子河，馬牧河從城中穿過，因此有學者認為其消亡是洪水肆虐的結果；

戰爭說。遺址中發現的器具大多被事先破壞或燒焦，似乎印證了這一解釋；

遷徙說。可是人們為什麼要遷徙呢？成都平原物產豐富，土壤肥沃，氣候溫和，用災難說解釋似乎難以自圓其說。

第五，「巴蜀圖語」代表什麼？三星堆祭祀坑中發現了一件價值連城的瑰寶——黃金權杖。權杖上面刻有三組以魚、鳥、人為內容的紋飾，這一紋飾又引起了學術界的爭論。有人認為金杖上的符號可能是古蜀人的文字，在《華陽國志》就有說蜀人「多斑彩文章」。但《蜀王本紀》中則認為古蜀人「不曉文字，未有禮樂。」也有人認為是族徽、圖畫，或者是某種宗教符號。根據其強烈的宗教信仰來看，最有可能是宗教符號和族徽。

學者們對此的爭論仁智各見，有的已在試圖破譯。如果能解讀這些圖案，必將促進三星堆之謎的破解。

馬王堆古屍千年不腐之謎

1971年，駐守在湖南長沙馬王堆的駐軍，想在馬王堆的兩個小山坡建造地下醫院。在施工的過程中，當用鋼釺鑽探時，從鑽孔裡冒出了嗆人的氣體，有人用火點燃了一道神祕的藍色火焰，這一現象讓人感到恐懼和不解。

1972年1月，考古隊正式在此進行科學挖掘，於是便發現了馬王堆漢墓。長沙馬王堆漢墓的發掘，被世人譽為「20世紀中國與世界最重大的考古發現之一」。

馬王堆漢墓出土了許多珍貴文物，如紡織品、服飾、帛書、帛圖和帛畫等，但最令人震驚的是發現了一具女「濕屍」。這具在地下沈睡了2000多年的女屍，出土時毛髮尚在，肌肉有彈性，內臟雖有乾縮，但外形完整、柔潤，這一考古發現在當時轟動了世界。

根據專家學者的研究，這具女屍名叫辛追，是西漢初年長沙國侯爵軑侯的妻子。辛追女屍經病理解剖表明，雖然經歷了2100年，其身體各部位和內臟器官的外形仍相當完整，並且結締組織、肌肉組織和軟骨等細微結構也保存較好，這在世界屍體保存記錄中是十分罕見的。

臨床醫學檢驗表明，辛追生前患有冠心病、多發性膽石症，以及全身性動脈粥樣硬化症、血吸蟲病等多種病變。而解剖時，發現其腸道中有甜瓜籽，因此揭示了辛追的真正死因——食用甜

瓜引起多種併發症，最終導致心絞痛，讓這位老婦人撒手人寰。

為什麼辛追的屍體經過了千年還沒有腐爛？

有人認為其實屍體並不是沒有腐敗，而是腐敗到一定程度被中斷而保存下來。女屍出土前，身著絲綿袍和麻布單衣，足登青絲履，面蓋醬色錦帕，並且用絲帶將兩臂和兩腳繫縛起來，然後包裹18層絲、麻衣衾，捆扎9道組帶，又覆蓋兩件絲綿袍。女屍被二十多層絲麻織物緊緊包裹著，不但隔絕了蠅蟲接觸，而且把棺材填滿，棺內空氣很少。外面又套上一槨三棺，密封條件非常好。由於棺內氧氣稀少，無氧環境抑止了細菌的生長，從而抑止了屍體的腐敗。

另外，為了保證墓室密封，墓室的周壁用厚厚的白膏泥構築，白膏泥的下面是一層厚厚的黑色木炭，防止地下水滲入。在發掘過程中，這些木炭和白膏泥整整裝了4卡車才清理完全，估計超過了5000公斤。這樣屍體深埋在二十米的地下，維持著低溫、恆溫密封、避光、無大地震的環境下，保持了2100多年。

還有人認為，馬王堆女屍不腐是因為棺材裡有一種紅色的棺液。女屍出土時，浸泡在約80公升的棺液之中。這種紅色棺液成分複雜，經過化驗發現裡面摻加了朱砂和許多中藥的成分。朱砂含有砷和汞，其化學成分對人體是有害的，但是卻有殺菌防腐的作用。所以有人認為，這種紅色液體一定是

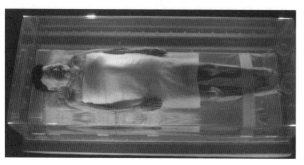

馬王堆古屍

某種能夠使屍體不腐的「神藥」。

　　但是這樣的想法受到了質疑。若是這種紅色液體是某種能夠使屍體不腐的「神藥」，那麼為什麼辛追死後可以享受這樣的殊榮，而比她地位高的人卻沒有呢？有人認為這種「神藥」其實是辛追的屍水，因為辛追生前曾經大量的服用過中藥和金石丹藥，所以液體中才會有朱砂和中藥成分。這種液體因為含有汞——水銀，才具有微弱的抑菌、殺菌作用，但不是屍體得以保存的根本原因。

長沙楚墓帛畫中的婦人形象是誰

1949年，湖南長沙市東南郊陳家大山楚墓出土了一幅帛畫。此帛畫距今已有2000多年，是目前世界上發現的年代最早的絹畫之一，被稱為晚周帛畫或長沙楚墓帛畫。

這幅帛畫高約28釐米，寬約20釐米。畫面主要位置繪一婦女，側立向左，頭後挽有一垂髻，並繫有飾物，長裙曳地，腰細而修長，兩手合十神態虔敬。她的上方繪一條龍和一條鳳，鳳鳥頭上昂，振翼奮爪，尾翻飛，呈奮起狀；龍則雙足屈伸，身體蜿曲，似乎正向天空飛升。該畫以墨線勾描，線條有力，頓挫曲折富於節奏變化，用黑白組合，使畫面具有一定的裝飾趣味。在人物的唇和衣袖上，還可以看出施點過朱色的痕跡。

長沙楚墓帛畫的發現引起了我國許多專家學者的關注，這幅帛畫為何而作？圖中的婦女是誰？騰飛的動物是否是龍鳳？學者們對此進行了諸多研究和探討。

20世紀50年代初，郭沫若先生根據當時的舊摹本進行過研究，認為婦人左上方的一獸一禽為夔（古代傳說的一種獨腳獸）和鳳，一鳳一夔作鬥爭狀。鳳為神鳥，象徵善與和平，在鬥爭中居高臨下，佔優勝地位；夔為怪類，象徵邪惡與死亡，在側面抵禦相形敗退。畫的下面是一個現實中的女子，她合掌胸前，立於鳳鳥一側，似乎在祈福。然而郭沫若卻沒有對畫中婦人的身分進行考證。

80年代以後，帛畫在社會上公開，人們對照舊摹本研究，發現舊摹本中有不少錯誤，似龍的獸是雙足而不是單足，帛畫的最下角有一新月被忽略了。因此，郭沫若先生的推測就被打破了，於是學者們對原畫進行重新鑒定。

　　《江漢論壇》曾發表一文章《對照新舊摹本談楚國人物龍鳳帛畫》，這篇文章對長沙楚墓帛畫又有了新的詮釋。

　　該文認為帛畫的結構和佈局有上、中、下三層。上層是天空，左邊的獸應該是我國古代神化了的龍，右邊的鳥則應是鳳。龍和鳳在我國古代神話傳說中是人和神助魂升天的神獸神禽。畫中的婦女站在中層，就應該是人間。婦人右下角有一彎月狀物是下層，應該是大地，意味著婦人站在大地上，向龍鳳合掌祈求，希望飛騰的神龍神鳳引導她的靈魂進入神界。該文還認為畫中婦人即墓主人自己，這幅帛畫的主題思想就是楚巫神迷信思想的一種反映。

　　美術史家金維諾先生也贊同這樣的說法。他認為畫上的中心人物應當是死者本人的畫像，並認為此類帛畫是

長沙楚墓帛畫

我國肖像畫的濫觴。

　　但是對於畫中的婦女是誰，學術界還沒有一致的答案。王伯敏先生認為這是一幅帶有迷信色彩的風俗畫，描寫一個巫女為墓中死者祝福。這幅帛畫所描繪的婦女，有可能是當時「巫祝」的形象。

　　除此以外，還有人認為畫中婦人是女神宓妃，王仁湘同志就認為這是一幅「豐隆鸞鳥迎宓妃」圖。

　　從墓葬出土的形式來看，這幅帛畫在當時肯定不是作為觀賞的美術品，而是被統治者作為寄託升天願望的迷信工具，這與楚人的迷信習俗是相符合的。至於畫中婦人的形象到底是誰，各家說法不一，就成了一個未解之謎，還有待於專家、學者作進一步研究。

敦煌莫高窟之謎

位於河西走廊西端的敦煌，擁有世界藝術上璀璨的明珠「莫高窟」。莫高窟有精美的佛教壁畫4.5萬平方米和典雅的佛教雕塑2415尊，俗稱「千佛洞」，有「東方盧浮宮」的美譽。

敦煌莫高窟並不是在一個時代集中修建的，它始建於十六國的前秦，後來歷經十六國、北朝、隋、唐、五代、西夏、元等多個朝代的建設，形成了今天的規模。莫高窟南北長約1600多米，洞穴上下排列多達五層，如蜂房般鱗次櫛比，非常壯觀。莫高窟還有藏經洞，整理出了五萬多件古代文物。近代才出現的學科敦煌學，就是專門研究藏經洞典籍和敦煌藝術的。

莫高窟開鑿在敦煌市東南25公里處鳴沙山東麓斷崖上，一個藝術的明珠，文化的寶庫，為什麼不建在人流密集的地區或者交通要道，而要建在偏僻荒涼的戈壁荒漠？最流行的說法，是聖地異象說。

前秦苻堅建元二年（公元366年）的一個黃昏，沙門樂尊者遊歷經過鳴沙山，發現眼前出現了壯麗恢弘的景觀：整個鳴沙山被金光籠罩，仿若有千萬金佛在光線中現出身形。尊者贊嘆不已，虔誠地下跪祈禱。尊者認為，這是一塊神聖的土地，於是他在此地主持開鑿了第一個洞穴。在隨後的歲月中，尤其是古「絲綢之路」開通之後，敦煌逐漸成為重要的貿易中轉石窟，各國商賈雲集至此。商人出門在外，求財、求平安，佛教得以盛行。有

錢的商賈巨富紛紛出資開鑿石窟，莫高窟佛教文化石窟群日益壯大。在唐代鼎盛時，形成了「千窟爭榮」的繁盛之勢。

莫高窟是否真的是因為出現了聖地異象才選址於此，我們不得而知。據專家分析，莫高窟選在如此偏僻之地是很有科學道理的。

敦煌四周為荒漠戈壁，風沙很大，雕鑿了洞窟容易被風沙侵蝕。鳴沙山是沙礫岩，質地堅硬，耐腐性

敦煌莫高窟（局部）

強。洞窟坐西朝東，與三危山隔河相望。夏季風從東方吹來，三危山成為天然屏障為莫高窟遮擋風沙。冬天，風沙從洞窟背面的西方襲來，吹過窟頂呈45度角吹下，風沙不會灌入洞窟。在整個敦煌戈壁找到這樣一個「安全區域」是很難得的。在這樣的地理環境下，莫高窟經過千年風霜洗禮，依然保存了大量壁畫與雕塑。這是文化留存之幸，是勞動人民智慧的輝煌閃光。

莫高窟選址鳴沙山，也是與其佛教文化背景割離不開的。佛教講求脫離塵世生活，追求與自然和諧相處的生活狀態。鳴沙山因為有宕泉河的滋潤，是一塊沙漠綠洲。綠樹掩映著莫高窟，在一定程度上消減了風沙，也阻擋了陽光對洞窟的照射。這裡作為佛教聖地，環境清幽，飄逸著靈性的氣息。

包公兩座墓之謎

　　包公，姓包名拯，字希仁，盧州（今安徽）合肥人，是我國北宋時期頗有名望的官吏。在宋仁宗時期，包公曾任州、縣官，後升任天章閣待制、龍圖閣直學士、開封知府、御史中丞、樞密副使。

　　包拯一生仕途平淡，為官剛正不阿，執法嚴格，鐵面無私，敢於與權貴作鬥爭，為民申冤，因此深得人民群眾的尊敬和讚揚。朝廷內外都不以他的官位來稱呼他，而呼他為「公」。在普通人心中，包公是清官的代表，百姓愛稱其為「包青天」。1062年，包公去世，終年64歲。包公生前受人愛戴，死後亦被人們關注，因此包公墓即成為人們關注的問題。

　　河南省鞏義市西南有北宋王朝9個皇帝的陵墓，人們習慣上稱其為「鞏縣宋陵」。在這其中有一座陪葬墓，被世人所熟知，它就是陪葬在真宗陵旁邊的一座高約5米的圓形冢墓，也就是包公墓。這是人們關於包公墓原來最普遍的看法，「鞏縣宋陵」也因此成為極負盛名的旅遊勝地。

　　然而，十幾年前，當考古學家們在安徽省合肥市東郊大興鄉雙圩村的黃泥坎發掘出又一個包公墓時，原來的鞏縣包公墓就成了一個謎。合肥包公墓共發掘出包公及其夫人董氏墓、長子夫婦墓、次子夫婦墓、孫子包永年墓。泚水岸邊出土的墓誌銘確鑿地記述了包公的生平，補充和修正了一些史實，也確切證實了此墓

為包氏族墓。

　　一個包公為什麼有兩座墓葬？如果合肥包公墓是「真」的，那麼鞏縣的包公墓是怎麼回事？難道鞏縣包公墓是人們的臆斷嗎？或者陪葬真宗陵側的包公墓另有他人？

　　在合肥包公墓正式考古發掘之前，人們普遍認為鞏縣包公墓是「真」墓，不僅是因為它有很高的封土和墓碑，而且地方史志均有記載。關於鞏縣包公墓的記載，在明代嘉靖三十四年修訂的《鞏縣誌》中有記載，說包公墓在「鞏縣西宋陵」中。清代順治以後各時期版《河南通志》皆以此為基礎記載。可見鞏縣包公墓在明初的時候就已經存在了，至少經歷了500～600年。人們不禁要問：鞏縣包公墓究竟修於何時？為什麼要建這個包公墓？裡面到底埋葬著什麼？它和合肥墓是什麼關係？這一系列問題，至今尚難以回答。

　　包公兩座墓之謎尚未解開，而合肥包公墓地出土的材料又給歷史學家們提出了許多新的問題。比如，據出土的墓誌銘記載，包公本人是「皇舅」，這是鮮為人知的。另外，在墓地中軸線的西南部，有一較大的封土堆，高約4米，底徑10米，整個外形略大於包拯夫婦遷葬墓。從這個封土堆的地表再往下深挖3米，都是一色的生土，可知這個土堆是典型的「疑冢」。包公墓為什麼設此「疑冢」？它是什麼時代修建的？這又是一個需要我們解答的謎。

成吉思汗陵為什麼建在「馬背」上

　　成吉思汗是中國歷史上最偉大的君王，被稱為「一代天驕」。他南降西夏，攻陷金國中都，西進中亞、東歐，東擊俄羅斯。在成吉思汗的鐵蹄下，中國的版圖得到了前所未有的擴張。成吉思汗忙於征戰，一生都在馬背上度過，甚至連死後，他的陵寢都建在馬背上。

　　成吉思汗的陵寢名叫「八白室」，是八頂白色的氈帳。氈帳裡供奉著成吉思汗的遺物。「八白室」這座馬背上的陵寢深具遊牧民族四處遷徙的特點，最早「八白室」在蒙古高原，後來先後遷徙到黃河河套、鄂爾多斯高原，現在在伊金霍洛旗。

　　蒙古人為什麼要給一位偉大的君王建造一座流動的陵寢？真正的成吉思汗陵在哪裡？

　　事實上，沒人知道成吉思汗墓地的真正地點。

　　蒙古人是遊牧民族，在荒漠中遷徙，即使建立了陵寢也會被荒沙掩埋，所以根據習俗，他們一般是不建陵墓的。即使是蒙古貴族，也「墓而不墳」，即只深埋地下，不建地面建築。

　　而且，蒙古人認為人的遺體一旦被破壞，靈魂就無法超生。成吉思汗縱橫四合，樹敵無數，他的陵墓很容易被敵人破壞。一個強盛帝國的王陵，對盜墓賊也有著極大的吸引力。

　　綜合以上幾個原因，成吉思汗遺體必然埋葬在祕密之處。

　　成吉思汗祕密埋葬還與其去世時間有關。成吉思汗是在其第

二次攻打西夏時去世的。如果當時宣布了成吉思汗去世的消息，必然軍心大亂。為了穩定軍心，更為了威懾西夏人，成吉思汗去世前留遺囑說「祕不發喪」。

當成吉思汗去世後，他的遺體由親信護衛著前往他生前選定的埋骨之地。為了防止墓地泄露，這支隊伍低調前行，並且殺掉路上所有見過的人。他們掩埋靈柩的方式也非常謹慎，先取下草皮，下葬後再將草皮原樣鋪好。之後讓馬群在地上踐踏，徹底抹掉陵寢的痕跡。做完這些事情後，部隊沒有立即撤離，而是一直等到第二年春天。等看到青草覆蓋了茫茫草原，成吉思汗的陵墓徹底無跡可尋時，他們才離開。走之前，他們當著母駱駝的面殺了一隻駝羔。駱駝的記性非常好，並且重感情，見到親骨肉被殺此地，會一直記著。成吉思汗的親人想來陵寢祭奠時，跟著母駱駝就能來到這裡。

由於蒙古人「墓而不墳」的埋葬風俗，更由於其祕密的下葬方式，成吉思汗陵的真實地點已無從查考。數百年來無數人處於各種目的探尋陵墓所在，都一無所獲。有些真相，需要時間來解答，也許，永遠消失在人們的視野裡。當人們想起這位偉大的鐵血君王時，可以去伊金霍洛旗看一看那座馬背上的陵寢，追憶一個激蕩著榮耀與熱血的時代逝去的往昔。

嘉慶為何禁「如意」

　　如意，長條而一端彎曲，是一種古代器物名稱，我國很早以前就有了。

　　如意可以用各種材料製成，比如骨、竹、木、角、石、玉、鐵、銅等。由於其一端彎曲像手一般，最早被用作「抓撓」。到西漢的時候，如意具有了吉祥的含義，比如漢高祖劉邦與戚夫人生的兒子就取名為「如意」。魏晉南北朝時期，佛教的僧侶和文人雅士開始廣泛使用如意，並加深了如意吉祥美好、聰慧睿智的含義。到清朝，如意早已成為皇宮裡皇上、后妃把玩之物，寶座旁、寢殿中均擺有如意，以示吉祥、順心。清代的皇帝、皇后還經常用如意作為賞賜王公大臣之物。

　　然而如此吉祥美好之物，卻也不是人人都喜歡，清嘉慶皇帝就公然表示自己不喜歡如意。

　　按照滿洲的老風俗，凡是到了過年過節的時候，王公大臣以及在外省的總督、巡撫等封疆大吏，都要在宮廷向皇上進獻如意，以表吉祥如意的美好祝願。滿洲人入關進京之後，這種老風俗仍然保留下來，沒有改變。可是到了嘉慶朝，這種老風俗竟一下子下諭給禁止了。諭旨中說「……諸臣以為如意，在朕觀之轉不如意也」。

　　當時，朝廷上上下下都不知道皇帝禁獻如意究竟是什麼名堂。而如此寓意吉祥的物件，清嘉慶帝為什麼就不喜歡？其實這

其中確有奧祕。

雍正皇帝在位時，乾隆的第二子出生，這個嬰兒是乾隆嫡福晉所生。由於清代以前的皇帝沒有一位是嫡長子，所以雍正對這個嫡孫十分重視，並親自賜名永璉，暗示在乾隆之後立他為皇帝。於是乾隆即位後，就馬上將傳位永璉的詔書放在了正大光明匾後，可是永璉只活了九年就離開了人世。其後不久，皇后又生下了皇七子永琮，一心想完成祖先遺願的乾隆，馬上決定立這位嫡子為太子。誰知傳位的詔書剛放到正大光明匾後，兩歲的永琮也離開了人間。

連喪兩子的乾隆皇帝再也不敢立嫡子為太子，更不敢將傳位詔書放在正大光明匾後邊了。對於立儲一事，皇室裡談虎色變。到乾隆晚年，他的諸皇子中有的已經死去，有的對當皇帝根本不感興趣，還有的生怕招來殺身之禍，因此敬而遠之。於是乾隆皇帝就在庶出的皇子中選擇了忠厚老實的顒琰作為繼位者。為了不讓老天奪走他這個兒子，乾隆帝對立顒琰為太子一事一直祕而不宣。直到即將禪位前一年，才正式公之於眾。

可是如此絕密之事，真的只有乾隆一人知道？不，還有一人知道，那就是和珅。當和珅覺察到乾隆帝要立顒琰為太子後，立刻選了一隻上好的如意送給了顒琰，以取悅這位未來的皇帝。誰知顒琰聽到自己被暗中選為太子後大為驚恐，加之他對和珅這樣的大貪官本身就十分忌恨，所以對和珅所送的如意十分反感。

嘉慶繼位後，政事仍由太上皇乾隆決定。嘉慶四年乾隆病死後，他親政。親政後的第六天，他就逮捕了和珅，抄出家財約值白銀十億兩，相當於清政府二十年的財政收入，和珅隨即被處死。之後，嘉慶就下諭旨禁獻如意。

如此，不明真相的人們還以為嘉慶下諭禁獻如意是要崇尚節儉，杜絕奢侈，其實只是他對如意的一種厭惡罷了。

鄭和為何發明麻將

　　麻將是我國廣大人民群眾喜聞樂見的一種益智類遊戲形式。那麼，麻將到底是什麼時候發明出來的？又是誰發明的？

　　麻將的由來眾說紛紜，有人認為是隋代的時候被人發明的，但是民間最廣為流傳的是由明三寶太監鄭和在航海之時發明的。那麼鄭和為何要發明麻將？這與他航海大有關係。

　　明宣德年間，三寶太監鄭和率領數萬將士組建了當時世界上最大規模的船隊七下西洋。有人說鄭和下西洋為了宣揚國威，也有說是為了經商貿易，更有甚者說是為了尋找失蹤的建文帝。

　　在茫茫大海上，船上的隨從們常常因為無聊而滋生事故讓鄭和不便管理，也有一些隨從因為海上生活單調和思鄉，精神委靡不振，甚至積鬱成疾。

　　鄭和看到這種情況非常著急，擔心長此下去，後果將不堪設想。於是為了不讓隨從們滋生事故、振興將士們的士氣，鄭和開始尋找解決方案。於是他決定設計一個娛樂項目，但這個項目必須符合以下原則：一、必須可以多人玩，以便聯絡感情、監視軍情；二、規則簡單、方便學習，還可以不斷更改；三、持續時間長而不厭，適應海上的連續枯燥的生活。

　　根據當時航海的情況和冥思苦想，鄭和終於想到了切合現實的娛樂項目。鄭和利用船上現有的毛竹做成竹牌，刻上文字圖案，再制定遊戲規則，放在吃飯的方桌上就能供大家娛樂。

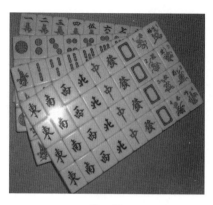

麻　將

在文字圖案的確定上，紅「中」代表中原大地，符合中國紅的原則，也迎合隨從們的思鄉之情；竹牌刻上「發」字，暗合航海的經商名義，發財的數量則從「一萬」到「九萬」，按照中國的習俗，過滿則溢，所以沒有更多的萬。萬字牌定下來之後，其他的就照推了，船上糧食以大餅為主，於是就有了一餅到九餅；遇到風平浪靜，將士們也會捕魚，於是有了「一條」、「二條」……「九條」；行船靠風向，有了「東」、「南」、「西」、「北」風；海上航行水手往往不記日期，只辨寒來暑往的節氣變化，這樣，竹牌中又加上春、夏、秋、冬四個「花」牌；根據裝淡水的水桶數刻上一桶到九桶；根據船上號令牌的內容刻上白板和發財，於是共計136張牌。

　　遊戲一經推出，海上浩蕩船隊一片嘩啦之聲。玩起這個遊戲來，將士們的委靡不振一掃而光，鄭和看到這竹牌能麻痹將士的思鄉之情，於是就將其命名為「麻將」。

　　從此，一個風靡中國大地六百餘年仍生生不息的遊戲「麻將」就這樣誕生了。其實，麻將是何人發明的已經不重要了，真正重要的是，麻將作為中華民族遊戲史的一個縮影，與任何遊戲品類一樣，多少年來，讓玩者在其中體味到休閒、趣味。

康熙陵墓內為何葬了四十八個后妃

　　清聖祖康熙皇帝，名愛新覺羅・玄燁，是清朝入關後的第二代皇帝，也是中國歷史上在位時間最長的一位皇帝。

　　康熙皇帝在位61年，死後葬於河北省遵化縣的清東陵。清東陵內有順治帝孝陵、孝莊昭西陵、乾隆帝裕陵、咸豐帝定陵、同治帝惠陵，康熙帝的陵墓為景陵。然而令人驚奇的是，景陵中除了埋葬有康熙皇帝外，還埋葬有康熙的四后、四十八妃和一皇子。一座陵墓，埋葬了如此多的人，這樣的埋葬規格在中國歷史上是絕無僅有的。

　　那麼，為什麼康熙的景陵中埋葬了四十八個后妃？

　　有人說那是因為康熙后妃眾多。從空中俯瞰景陵，整體上呈半圓形，地位高者列前居中，地位低者居後。景陵地宮內除了葬有康熙皇帝，還有孝成仁皇后、孝昭仁皇后、孝懿仁皇后、孝恭仁皇后和敬敏皇貴妃。景陵妃園寢內葬有四十八位妃嬪和康熙的皇十八子胤。四十八位妃嬪中，包括貴妃一人，即溫僖貴妃，居妃園寢正中；妃11人，即慧妃、惠妃、宜妃、榮妃、平妃、良妃、宣妃、成妃、順懿密妃、純裕勤妃、定妃；嬪8人，貴人10人，常在9人，答應9人。敬敏皇貴妃（因其子十三皇子助雍正帝登基有功）原本和妃嬪們葬在一起，後來移葬在景陵地宮內。景陵雙妃園寢埋葬著撫育過乾隆的康熙妃嬪愨惠皇貴妃和敦怡皇貴妃。康熙的后妃並沒有全部埋葬在景陵中，但就上面所提到的我

們不可否認，康熙的后妃很多。

　　其實，清朝皇帝的皇后多是蒙古公主，這是政治聯姻的需要。但在康熙的時候，政治形勢發生了變化，鰲拜結黨營私，專橫跋扈，而丞相索尼歷經三朝，掌握著一定的政治勢力。於是在孝莊太皇太后的主持下，將索尼的孫女赫舍里氏指給康熙當了皇后。

　　1665年，12歲的康熙皇帝和13歲的赫舍里氏舉行了隆重的結婚大典。雖然是一場政治婚姻，但是由於皇帝和皇后年歲相仿，又加之鰲拜把持朝政對皇帝多有不敬，於是壓抑的環境促成了皇帝和皇后的恩愛感情。但是當康熙鏟除鰲拜、親理朝政，不再需要皇后家族勢力的扶持之後，皇帝和皇后的關係自然也就不會那麼親密了。

　　皇帝的感情從來就不是給一個人的，康熙也不例外。於是之後，康熙後宮的女人逐漸多了起來，鈕祜祿氏、佟佳氏、烏雅氏……一個接一個地進宮。康熙陸續迎娶的后妃中，年齡最小者只十一、二歲，最大者也不過十五、六歲，有的在二十幾歲就去世了。從康熙九年最早去世的贈慧妃博爾濟吉特氏算起，到乾隆三十三年最後去世的醇怡皇貴妃止，康熙帝的后妃們歷經了康雍乾三朝，前後延續了99年。在康熙帝的后妃中，還有四對親姐妹。其中，孝懿仁皇后佟氏及其妹妹佟氏貴妃又是康熙帝的親表妹，這在中國古代帝王中是很少見的。

　　康熙帝共有多少后妃，史學家沒有給出統一的說法。《康熙全傳》記載，康熙帝后妃中貴人以上者有49人，冊封在冊的后妃有67人，而那些身分低微的答應、常在等據說共有200餘人。

　　雖然康熙妻妾眾多，但是對於自己的妃子們他還是有真情的。康熙外出期間，經常寫信或把土特產等派人送回宮中，甚至

會寫信給深居宮中的嬪妃們，講一些途中趣事，解解她們的悶氣。

　　雖然身邊的女人日益增多，與結髮妻子又是政治婚姻，但是康熙對赫舍里氏還是很有感情的。平三藩的時候，皇后赫舍里氏難產，生完皇子後就去世了。康熙頂著巨大的壓力，不顧前方戰事吃緊，輟朝五日為大行皇后舉辦隆重的喪事。在赫舍里氏的梓宮停靈的25天中，康熙皇帝竟然有20天親自去舉哀，足見感情之深。

　　赫舍里氏以生命為代價生下來的皇子，不滿兩歲便被康熙皇帝冊立為皇太子。後來，太子不成器，最終被康熙廢掉。廢太子時，康熙哭罵他「生而剋母」，仍念念不忘髮妻。

　　康熙帝為他的后妃們做的最重要的事情就是在自己的晚年，為嬪妃們的生活進行了安排。他下令，有兒子的嬪妃，年老後到兒子的府邸居住，這一安排打破了皇帝駕崩後后妃獨居宮中到死的定例。

　　康熙去世之前，他的兩位皇后已經安葬在景陵地宮。康熙帝安葬之後，他的嬪妃們也就陸陸續續地安葬過來。因此，一座帝陵就安葬了如此眾多的嬪妃。

臭名昭著的《田中奏折》如何被曝光

1929年12月，南京《時事月報》刊出了一條讓世人震驚的新聞：《驚心動魄之日本滿蒙政策——田中義一上日皇之奏章》——「過去發生的日俄戰爭實際上是中日戰爭，將來如欲征服世界，必先征服中國，征服中國，必先征服滿蒙。倘若中國完全被我國征服，其他如小亞細亞、印度、南洋等地區的民族，必然會敬畏我國而向我國投降，使全世界認識到亞洲是屬於我國的，而永遠不敢侵犯我國。這是明治大帝的遺策，也是我大日本帝國存立的必要大事……」

該奏章全文共6706字，有5大章節和1個附件，對侵略行動作了詳細的安排部署，字字句句都彰顯著日本企圖侵吞中國及整個亞洲的野心。這一奏章後被簡稱為《田中奏折》。

《田中奏折》一經曝光，世界輿論一片嘩然。中國各地舉行了聲勢浩大的示威遊行，抗日浪潮席捲全國。那麼，這個奏折是如何被公之於眾的？

1927年4月，田中義一上台組閣。擔任首相後不久，他就主持召開了「東方會議」，專門研究侵華政策。1927年8月，日方又召開「大連會議」，研究落實「東方會議」確定的侵華方針的具體步驟。1927年底，田中義一將「東方會議」與「大連會議」所制定的侵華計劃寫成奏折，上呈裕仁天皇。這就是臭名昭著的《田中奏折》。

1928年，張學良接掌了東北的軍政大權，開始派人蒐集日本對華政策變動的情報。於是1928年6月的一天，蔡智堪接到王家楨一個紙條，希望他能設法拿到《田中奏折》。

蔡智堪是台灣人，已經加入了日本籍。他知道這是日本最高機密，肯定不易拿到。經過反覆考慮，他決定利用日本民政黨和政友會的矛盾，通過民政黨人的幫助拿到奏折。

於是，蔡智堪便以私人身分宴請了前內務大臣、民政黨主席床次竹二郎和田中內閣的外相永井柳太郎。床次和永井都是他的老朋友，蔡智堪經常請他們喝酒，並不時給他們提供經濟資助，所以關係一直都處得比較好，說話也比較隨便。

蔡智堪覺得永井是最容易接近《田中奏折》的人，於是便先向永井提出幫助，但卻受到永井的回絕。蔡智堪只得找床次，他對床次說：民政黨要扳倒政友會，就應該揭發田中極力主張的武力佔領東北的政策，那時你們民政黨就有機會東山再起了。床次被他說動了心，於是決定幫助蔡智堪密抄奏章。

一週後，蔡智堪在民政黨人的幫助下，夜間潛入皇宮，抄寫《田中奏折》。蔡智堪將民政黨總裁專用的很薄的碳酸紙鋪在原件上，用鉛筆描寫。第二天夜裡，還是同樣進入皇宮。經過兩夜的時間，終於將《田中奏折》全部抄完。

之後，蔡智堪將抄寫的《田中奏折》祕密藏於一隻皮箱的夾層裡，從東京親自護送到瀋陽，親手交到了王家楨手裡。王家楨立即將抄件送至張學良府上。次日，張命王前往南京政府報告。

此時，恰逢「泛太平洋會議」在日本東京召開。日本代表在會議上大放厥詞，令出席會議的中國代表義憤填膺。於是國民政府將《田中奏折》交給了南京《時事日報》，該報將《田中奏折》全文刊登了出來。不但震驚了中國，也震驚了全世界。

血滴子是何物

在民間小說中，雍正經常被刻畫成精通武藝、神通廣大的陰謀家，他豢養了一批俠客力士，操持著一種名曰「血滴子」的殺人利器，能取敵人的首級於千里之外。

歷史不可能憑空捏造，傳說也不可能沒有根據，雍正與這種可怕的殺人利器應當有關係。那麼，「血滴子」究竟是什麼東西，或者說究竟是什麼樣的東西？

傳說「血滴子」是雍正皇帝特務系統所使用的一種武器，這種武器殺人的方式，是專門把人的首級從脖子上取下來。

可以使人頭和脖子分開的武器很多，大刀砍、利斧揮，都可以達到目的。而這個血滴子卻不是尋常的武器，它在使用的時候，是「放出去」的。它使用時，和目標的距離不會太遠，把血滴子放出去（或者是拋出去），它會把目標的頭罩住，然後割下目標的頭再收回來。割下的人頭，就在血滴子裡面被帶了回來，所以被害的目標就成了無頭屍體，十分恐怖。

雖然傳說「血滴子」的使用過程是如此，可是它的具體形狀如何，又如何一下子把人腦袋割下來，還是沒人知道。由於「血滴子」的神祕，它曾不止一次被搬上電影屏幕，電影工作者各憑想像去創造。於是在銀幕上，我們看到有的血滴子像一頂草帽，有的血滴子像一個鳥籠，有的在放出去的時候會「嗚嗚」怪叫，有的會旋轉，有的周遭滿布利刃，有的有像相機快門一樣的裝

置——「喀嚓」一聲，人頭分離。

還有一種說法認為，雍正所祕製的「血滴子」，其實是一種毒藥。

傳說雍正為皇子時，就準備要奪取王位。於是他不僅招攬大批俠士劍客供他驅使，還暗地裡煉各種毒藥暗器。而雍正用來誅鋤異己的暗器中，就有一種名為「血滴子」的毒藥。其物是一革囊，將活人放到裡面，不一會兒人就化成一攤血水。這種說法雖然言辭過甚，但雍正為了實行他的血腥特務式統治，製造幾種新式的殺人武器，自然是極有可能的。

據可靠的記載，「血滴子」確有其物，裡面所儲的是一種極毒的毒藥，這種毒藥是用毒蛇的毒液混合一種毒樹的汁液煉成，一滴就可以使人通身潰爛而死，故稱「血滴子」。

還說雍正曾密諭廣西巡撫，要他暗中尋訪這種毒藥，並研究熬煉和解毒的祕方，所以說雍正用這來煉製血滴子，是有相當根據的。

「血滴子」最早出自何處，已經難以考證。而「血滴子」究竟是何物，我們也難以判斷，但是可以肯定的是，它與雍正的血腥特務式統治有著密切的關係。

《清明上河圖》描繪的是清明時節嗎

　　《清明上河圖》是我國北宋畫家張擇端繪製的一幅長卷風俗畫，是我國古代的一幅傳世佳作，素有「中華第一神品」之稱。

　　《清明上河圖》全長528釐米，寬24‧8釐米，真實、全面、細緻地描繪了北宋都市生活的各個方面，對了解和研究當時的人文風俗具有重要價值。自從它問世以來，受到上至當朝皇帝，下至文人學士的賞識和珍藏，輾轉至今，歷時八、九百年，現藏於北京故宮博物院。

　　《清明上河圖》的創作年代及「上河」的涵義曾有過一些爭論，但對畫中描繪的是清明時節，自金代以來似無異議。近年來隨著研究的深入，一些研究者和收藏鑒賞者卻對以往的「春景清明說」提出了不同意見。

1.「清明節」說

　　從《清明上河圖》誕生至今，一般都認為該畫所描述的是宋徽宗時期京都汴梁以及汴河兩岸，清明時節的繁華熱鬧景象和自然風光。明代《味水軒日記》中有記載，這幅畫最早的收藏者是宋徽宗趙佶，畫上有宋徽宗親筆的瘦金體題簽「清明上河圖」和雙龍小印，還有宋徽宗的題詩，詩中有「水在上河春」一句。

　　根據《東京夢花錄》對清明節的相關記載，研究者還認為，北宋時期清明時節不但要祭掃亡靈，還要舉行盛大的郊遊活動，

這也與畫中所描繪的景致相吻合。如此說來，這幅畫卷描繪的是春天清明節之景色無疑。近代及當代美術史家鄭振鐸、徐邦達、張安治等均主春景之說。但是，也有人對此提出異議。

2.「清明坊」說

1981年有人對「清明節」說提出了質疑，認為《清明上河圖》所繪的是秋景。

清明時節黃河中下游地區平均氣溫一般在攝氏10℃左右，然而畫中卻有很多帶著扇子的人物，還有幾個孩子光著身子在街頭嬉戲玩耍，河岸小販的桌上赫然擺著切開的西瓜，草帽、竹笠等，御暑御陽物品在畫面上也隨處可見，所有這一切都說明此時不應是乍暖還寒的北方初春季節。

在畫卷的右首有馱負木炭的驢子，據北宋孟元老的《東京夢華錄》記載，每年農曆十月，汴京始「進暖爐炭，幃前皆置酒作暖會」，如果清明節前後進暖爐炭，則違背宋人生活習俗。

畫面上還有酒肆多處，酒旗上寫著「新酒」二字，而《東京夢華錄》中則有這樣的記述：「中秋節前，諸店皆賣新酒……」宋代秋季新谷下來要釀醪酒喜慶豐收，此酒謂之「新酒」。

清明上河圖（局部）

又分析畫中的「城門樓」，設想《清明上河圖》應該是描繪的從「清明坊」

到汴河口這一段上河的繁華熱鬧的景色。「清明」是指汴京城中的「清明坊」，這就是「地名說」。

3.寓意「承平」說

還有人認為「清明」既非時令，又非地名，應該是在稱頌「太平盛世」。

《詩經‧大雅》中有「肆伐大商，會朝清明」的說法，《毛傳》稱「不崇朝而天下清明」，《後漢書‧班固傳》也有「固幸得生於清明之世」之句，這裡的「清明」都有政治開明有度、人民安居樂業之意。從這個意義上理解，畫中題款「清明」，應該是張擇端期望獲得皇帝賞識所作的頌揚之辭。

在當時，張擇端是皇家御用畫院待詔，因此他用「清明」一詞創作這幅敬獻給宋徽宗，鼓吹「歌舞昇平」，進行歌功頌德，是很有可能的。

至於張擇端為何選取秋色而不繪春景，是因為「汴水秋風」是汴城八景的第一景。汴水以「秋風為勝」，而汴城又以汴水兩岸最為繁華。畫家選取汴河秋景入畫，以反映汴京的人物繁華。正因如此，《清明上河圖》中店鋪林立，酒店、茶館裡的顧客熙熙攘攘，而紙馬店前門庭冷落，沒有一個顧客光臨，……這正透露出張擇端的作畫意圖，描繪汴河的升平景象，而並非清明時節。

綜上所述，從各方面加以分析，由於畫面上並無門插柳條、掃墓、踏青、郊遊等特有的「清明」時節習俗，因此「清明時令說」有所偏頗；而「清明坊」之說，也沒有有力的佐證；相比之下，第三種說法似乎更有說服力。

因此，在「清明」二字的解釋還沒有定論之前，將它視作北宋一般的都市生活的典型寫照還是可取的。

北京公主墳葬的是哪位公主

北京西郊復興門外，復興路和西三環路交界處的街心花園，有個著名的旅遊景點叫「公主墳」。對於這個公主墳，民間自古傳說頗多。自從電視連續劇《還珠格格》播映後，人們對京西公主墳內埋葬的公主是誰，引發了高度的關注。

「公主墳」裡埋葬的到底是誰呢？

民間主要有以下三種傳說：

一、降清明將孔有德之女孔四貞。這是最廣為流傳的一種說法。傳說因明將孔有德降清後屢立戰功，順治六年被封為「定南王」。在順治九年，孔有德在桂林被明將李定國圍困，受傷後自殺身亡。順治母親孝莊皇后收養其女孔四貞為義女，並封為和碩公主，成為清朝唯一的漢族公主。她死後就埋葬在京西郊。

二、元帥金泰的妻子。傳說漢人金泰從小被滿族人收養，因立下戰功被封為元帥。在遊園時與公主相遇，一見鍾情。但是朝中老臣卻從中作梗，令皇帝流放了金泰，貧病交加的金泰上書公主，說見信時我已不在人世了。公主見信後從容服下毒酒，追隨愛人而去。皇帝無奈，於是將金泰草草葬於香山，而將公主遠遠地埋在了今天的「公主墳」。

三、乾隆的義女。相傳，有一年乾隆與劉墉、和珅到民間微服。行走中不知不覺天色已晚，乾隆感到又累又餓，於是便在一個小村莊向一農戶借宿。農戶家就一老漢和小姑娘，老漢心地善

良，給乾隆他們免費食宿。

　　乾隆很喜歡這個小姑娘，第二天出門時對老人說：「老人家，你要樂意，就讓您的女兒給我做乾閨女吧！」老人一聽很高興，就讓女兒過來拜見了乾老子。乾隆掏出一塊黃手帕，遞給姑娘，「孩兒如遇急難，可拿它到京城找我，只要一打聽皇……」，這時劉墉哼了一聲，接著說：「打聽皇家大院！」乾隆忙改口：「對！對！皇家大院。」

　　幾年後，趕上連年鬧災荒。父女倆實在過不下去了，只好到京城來找姑娘的乾老子。父女倆找遍北京，也沒找到乾老子的黃家大院。不久，老漢就去世了，姑娘情急之下來到護城河邊，想尋短見。

　　就在這時，正好遇到劉墉，於是劉墉就將姑娘帶進了宮。乾隆自然是忘了這回事，但是有劉墉作證，怎麼賴得掉？於是便將姑娘留在宮中。可是姑娘在宮中沒住多久就患病去世了。

　　乾隆就準備草草埋葬了，可是劉墉卻說：「這位公主雖說不是萬歲親生，可卻是您自己認的乾女兒啊！並且留有信物，就這麼草草葬了，萬歲臉上可不光彩呀！」於是乾隆只好傳旨，按公主的葬禮，把姑娘葬在了「公主墳」這裡。

　　雖然對公主墳裡埋葬的公主的傳說有很多，而且說法各不一樣，但公主墳內的公主是誰，早在1965年北京市政府修建地鐵一號線時，文物部門就對公主墳進行了考古挖掘，並參考歷史資料考證，謎底早已揭開。

　　原來公主墳內葬的是嘉慶皇帝的兩位公主（滿族稱為格格）。兩位公主分別葬東西兩邊，東邊葬的是莊敬和碩公主，她是嘉慶的第三女，是和裕皇貴妃所生，生於乾隆四十六年（1781年）十二月。她於嘉慶六年（1801年）十一月，下嫁蒙古親王索

特納木多布濟。嘉慶十六年三月卒，年三十一歲；西邊葬的是莊靜固倫公主，是嘉慶第四女，為孝淑睿皇后所生，生於乾隆四十九年。她於嘉慶七年下嫁蒙古族土默特部的瑪尼巴達喇郡王。嘉慶十六年五月卒，年二十八歲。

由於清朝的祖制，公主下嫁以後，死後不得入皇陵，也不能進公婆墓地，必須另建墳塋，所以北京郊區有很多公主墳，有的地方現仍叫公主墳。因和碩公主和固倫公主是同年而亡，僅隔兩個月，所以埋葬在一處。兩個墓葬都是夫妻合葬墓，陪葬有許多珍貴物品。墓地原有圍牆、儀門、享殿等地面建築，四周及裡面廣植古松、古柏和國槐、銀杏等樹木。地宮均為磚石結構，非常堅固。之後，由於年久沒有人打理，才逐漸沒落，遂不為外人所知曉。

清東陵被盜之謎

　　清東陵是我國古代陵墓建築的精品，被聯合國世界遺產專家評價為「人類具有創造性的天才傑作」。清東陵位處一塊難得的風水寶地。群山環抱，流水環繞。傳說當年順治帝來此處打獵，看到周圍靈韻十足的山水美景，贊嘆不已，當即傳旨說「此山王氣蔥鬱可為朕壽宮」。

　　清東陵是一座有580多單體建築組成的龐大古建築群，裝修豪華，設計精美，葬有順治帝、康熙帝、乾隆帝、咸豐帝、同治帝五位帝王，還埋葬了14個皇后和136個妃嬪。其中最引人注目的當屬慈禧的陵寢。慈禧陵裝修之華貴令人瞠目結舌，而且這位清王朝末期實際統治者為了顯示自己的權力，下令自己的陵寢上所有石雕全部採用「鳳上龍下」的花紋。

　　慈禧太后墓葬之奢華不僅體現在陵寢的裝修上，更在於其豐厚的陪葬品。

　　慈禧的心腹太監李蓮英親眼見證了慈禧入殮，晚年他在《愛月軒筆記》中回憶，慈禧棺槨中鋪了厚達一尺的金絲串珠錦褥和珍珠，然後才放入屍身。慈禧頭部放置荷葉，青翠透亮，葉面上有天然生成的脈絡。腳下有粉紅碧璽蓮花、翡翠西瓜、翡翠甜瓜、翡翠白菜。這些花果皆用寶石天然紋理雕成，真實生動。左手側放置玉石蓮花一支，黑玉石荸薺一個；右手側放置纏蟠桃的玉雕紅珊瑚樹一株。頭部戴珍珠鳳冠，鳳冠上綴有雞蛋大的珍

珠。身著金絲串珠彩繡袍褂，身上蓋著珍珠堆製成大朵牡丹花的衾被。棺槨裡放著兩百多個寶石製成的桃子、李子、杏子等果實，還倒進去四升珍珠、兩千二百塊寶石填充縫隙。慈禧的隨葬品僅僅皇家入賬的就價值五千萬兩白銀，還不包括王公貴族的私人奉獻。

皇家陵墓自古以來就是盜墓賊垂涎的對象，慈禧墓中的珍寶無數，更是讓無數雙眼睛虎視眈眈。

1928年7月，住在清東陵附近的老百姓聽到隆隆的炮聲。人們以為是軍事演習或者在剿匪，事後才發現，是清東陵被盜。乾隆帝和慈禧太后的陵墓被炸開，破壞得一片狼藉。乾隆皇帝和慈禧太后棺木中瑰麗的奇珍異寶被洗劫一空。

究竟是誰膽大包天，犯下了驚天盜案？事件發生後，社會引起了很大反響，多方面調查，種種證據都指向了孫殿英。據說在炮擊發生前，軍閥孫殿英的部隊對清東陵附近進行了封鎖，所以百姓才會以為有什麼軍事行動，而對炮擊聲不以為意。孫殿英盜墓之說越傳越烈，因此他有了「東陵大盜」的惡名。

孫殿英，名魁元，河南永城人。因為小時候生過天花，滿臉麻子，外號孫麻子。孫殿英家境貧寒，自小不務正業，和地痞流氓鬼混。成年後在江湖闖蕩，以賭博、販毒為業。孫殿英所處的時代動盪混亂，軍閥混戰，他參軍入伍，在各個軍閥派系中流竄，後來被蔣介石的隊伍收編，成為十二軍軍長，駐守清東陵。清東陵的守陵官員推測，是孫殿英看到陵墓的守衛形同虛設，於是監守自盜。

然而推測終究是推測，當時孫殿英的部隊戒嚴，把清東陵圍得如鐵桶一般，沒人知道陵墓內究竟發生了什麼事情。真正把孫殿英推到台前的，是一次倒賣文物事件。

東陵被盜一個月後，北京著名的古玩集散地琉璃廠來了一位神祕的客人。這位客人攜帶著一批罕見珍寶進入了琉璃廠最大的古玩店鋪「遵古齋」。珍寶最終以十萬元的高價被「遵古齋」收購。北平警備司令部洞察了這次祕密交易，對雙方進行抓捕。審訊過後，發現出賣珍寶的神祕客人正是孫殿英麾下的師長。

事件報導後，社會上掀起強烈反響，紛紛要求嚴懲孫殿英。孫殿英則大聲喊冤，說之前清東陵炮擊是為了剿匪，而這些珍寶是繳獲的戰利品。

一群在窮鄉僻壤打劫為生的土匪何來如此珍貴的珠寶？珠寶的來處只有一個，就是陪葬豐厚的皇陵。

據後來的專家分析，當時國家動盪，各種勢力層出不窮，土匪盜墓也是非常有可能的。

正當孫殿英的自我辯白生效時，又發生了一件事，讓他百口莫辯。在駛往青島的一艘輪船上，青島警察廳抓獲了兩名逃兵，這兩名逃兵身上竟然藏著36顆珍珠。經審訊，兩人承認是孫殿英的部下，其中一人親口承認參加了清東陵盜墓行動。

孫殿英盜墓之事幾乎可以說是板上釘釘，可是，這樣一件驚天大案，最後卻不了了之。

二十多年後，孫殿英的參謀長曾回憶說，孫殿英確實曾盜挖墳墓，並曾揚揚得意地回憶乾隆墓和慈禧墓中有什麼珍寶。孫殿英還說，曾經把一些特別珍貴的寶物敬獻給了當時的實權派宋氏兄妹、孔祥熙夫婦。這就解釋了為什麼一件轟動朝野的千古盜案會處理得無聲無息，沒有下文。

北京猿人化石遺失人間

1972年的一天，一位美國老太太跟一位叫詹姆斯的美國富商報告說，她的丈夫有一箱詹姆斯想要的東西：北京猿人化石。老太太與詹姆斯交換的條件是五十萬美金。詹姆斯欣喜若狂，然而經過專家鑒定之後，才得知這並不是北京人化石。自從詹姆斯懸賞重金找尋失蹤已久的北京猿人化石以來，世界各地的人們都紛至沓來，向這位富商透露線索，然而終究一無所獲。那麼，承載著人類厚重歷史的北京猿人化石又是如何丟失的？

那還是在1941年太平洋戰爭即將爆發之際，由於日本和美國的局勢日益緊張，相關部門為了安全起見，欲將保存於北京協和醫院裡的北京猿人化石全部轉移到美國去。北京猿人化石包括七十九盒北京猿人牙齒，其中大盒有五，小盒七十四；殘下頜骨和

北京猿人頭蓋骨

頭蓋骨各十三件；頭骨片一盒及另外的十五片；九件殘股骨；三件頜骨；兩件臂骨；以及腕骨、鎖骨、鼻骨、齶骨等各一件。

不幸的是，日本軍隊截斷了從北京到秦皇島的火車，這就終結了原本打算將所有北京猿人化石運上返回美國的哈里遜總統號的計劃。而且，哈里遜總統號最終也因為戰爭的爆發而沒有抵達美國。令人費解的是，北京猿人化石在此之後蹤影全無。

關於化石的失蹤至今有三種說法：一種是說北京猿人化石是被日本人劫持之後帶回國去了，現在有可能就隱藏在日本國的某一個地方，或者是流落至日本民間；另一種說法為北京猿人化石準備運往美國的說法純屬調虎離山之計，事實上化石並沒有被移出北平城半步，而且一個美國士兵曾說自己看到有人把整箱的東西掩埋於院子裡，這有可能就是北京猿人化石。還有一種說法是北京猿人化石其實沒有被日本攔截，而是已經被運上了哈里遜總統號，但是在運至美國的途中沈沒於海底。

在其丟失之前，對北京猿人化石的發掘是一個讓人期待又讓人驚喜的過程，而發掘的結果又讓世人矚目。1929年的12月2日對於中國人來講是興奮的，因為就是在這天，由考古專家裴文中帶領的團隊發掘了深埋於地下五十萬年的一個完整人頭骨，世界為之震驚。其實在這之前，對北京猿人化石的發掘工作就已經進展了很久。

自1918年一位叫安特生的瑞典探險家在周口店的龍骨山發現了幾顆齒類化石之後，外國的考古專家又分別在1921年、1923年做了兩次實地考察和發掘，其中有一顆牙齒被證實為人牙。此後1927年在龍骨山又有一次規模比較大的發掘活動，竟然收獲了五百餘箱的動物化石。後又於1928年又收獲了一個女性的右下頜骨以及其他化石。

1987年，周口店的北京猿人遺址被列為世界文化遺產。北京猿人從體貌特徵上來看，臂長腿短，頭部略向前傾，身材顯得粗而短，其中男性高約為156釐米，女性為144釐米。根據研究結果來看，在北京猿人所處的時代，他們當時已經可以製造工具，主要以昆蟲和鳥蛇等動物為食。其壽命很短，一般十幾歲就已壽終。此外，北京猿人還會使用火種。

　　北京猿人的發現證明了遠古時期直立人的存在，而且更加堅定了人類的發展是經歷了一個「從猿到人」過程。可見，如此意義非凡的一批化石，其丟失也許並不令人意外。

〈本卷 終〉

國家圖書館出版品預行編目資料

歷史常常耐人尋味，趙逸君主編，
　初版，新北市，新視野 New Vision，2020.05
　　　面；　公分 --
　　　ISBN 978-986-98808-4-8 （平裝）
1.中國史　2.通俗史話

610.9　　　　　　　　　　　　　　　　109002793

歷史常常耐人尋味

趙逸君　主編

出　　版　新視野 New Vision
製　　作　新潮社文化事業有限公司
　　　　　電話 02-8666-5711
　　　　　傳真 02-8666-5833
　　　　　E-mail：service@xcsbook.com.tw

印前作業　東豪印刷事業有限公司
印刷作業　福霖印刷有限公司

總 經 銷　聯合發行股份有限公司
　　　　　新北市新店區寶橋路 235 巷 6 弄 6 號 2F
　　　　　電話 02-2917-8022
　　　　　傳真 02-2915-6275

初版一刷　2020 年 06 月